Hannelore Besser

Einsatz in Bolivien

Als Seniorexpertin unterwegs

Danksagungen
Für Ermutigung, Lektorat, kritische Durchsicht, Anregungen, Geduld und Layout danke ich Ruth Lisa Knapp, Julia Sohnrey, Daniel Besser, Brigitte Schmidt-Dethlefsen und Dirk Lausch.
Mein Dank gilt auch den Mitarbeiterinnen und Mitarbeitern der Organisation K'anchay und des SES in Bonn, die mich während meines Aufenthaltes freundlich betreut haben. Florencio, Maria del Carmen, Florencia und allen anderen danke ich für die vielen anregenden Gespräche.

Impressum

Besser, Hannelore
Einsatz in Bolivien

© 2020 Besser, Hannelore
Umschlagfoto: Unterricht in Toracarí
Copyright für alle Fotos bei der Autorin

Herstellung und Verlag

BoD – Books on Demand, Norderstedt
ISBN: 9783751921053

Hannelore Besser

Einsatz in Bolivien

Als Seniorexpertin unterwegs

Für Björn und Lasse

Inhalt

Prolog

Bolivien im Oktober 2019: Die Stimmen für den nächsten Präsidenten sind ausgezählt. Evo Morales hat erneut die meisten Stimmen bekommen. Die Opposition spricht von Wahlbetrug. Evo wird zum Diktator erklärt, er ist mit Neuwahlen einverstanden. Es kommt zu Unruhen, er geht ins Exil. Die Situation ist chaotisch.

Bolivien im März 2020: Massive Menschenrechtsverletzungen seit dem Putsch im November 2019: 35 Tote, 833 Verletzte und 1.505 Festnahmen und Inhaftierungen werden gemeldet. Amnesty International, Human Rights Watch, die Interamerikanische Kommission für Menschenrechte, das UN-Hochkommissariat und die Organisation Amerikanischer Staaten kritisieren die Interimsregierung.

Dringend wird der Bericht über meinen Einsatz im Februar 2019, als schon Bedenken über die Wiederwahl von Evo Morales geäußert wurden – die Brutalität, mit der die alten Eliten die Macht wieder an sich reißen wollen, jedoch noch nicht abzusehen war.

Dass ich meine Erinnerungen an diese vier Wochen aufschrieb und sie nun veröffentliche, gilt nicht so sehr dem Gedanken, eine untergehende Kleinbauernwelt zu retten, sondern es geht darum, die Rechte der indigenen Bevölkerung auf ihr Land, ihre Bodenschätze, ihre Kultur anzuerkennen. Es geht mir nicht nur darum, Bolivien als touristisch exotisches Land zu beschreiben, ich möchte vor allem vom aktuellen Kampf um Selbstbestimmung und Entwicklung berichten.

Gerade noch war ich voller Zweifel, ob die Beteiligung Deutschlands an den Untersuchungen zur Ausbeutung des Lithiums unter dem Salar de Uyuni richtig ist, dachte, man sollte den Bolivianern nur die Werkzeuge an die Hand geben, damit sie das Lithium selbst fördern können, die Gewinne aus der Ausbeutung stünden ihnen zu. Aber nun bin ich voller Wut darüber, dass die nicht gewählte Interimsregierung die Deutschen aus den Lithium-Vertrag heraushalten will. Das heißt nichts anderes, als dass die Eliten die private Ausbeutung vorantreiben wollen und dem Staat den Zugriff entziehen möchten.

Meine Hoffnung gilt den Reformbemühungen um Beteiligung der indigenen Bevölkerung, um die Bildung und die Rechte der Frauen.

Aufbruch im Januar 2019

Schon acht Uhr. Missmutig schob ich einen Fuß aus dem Bett. Seit sechs dümpelte ich in den Morgen, unentschieden, ob ich mich dem Tag stellen sollte oder lieber nicht. Mit meinen Siebzig plus fühlte ich mich lebendig und gleichzeitig der Eitelkeiten müde. Die Haut war faltig geworden, ich sah und hörte schlecht, ging anderen damit auf die Nerven und mir selbst. Leben war nicht mehr die prima Alternative, nicht mehr so prickelnd wie mit vierzig, als ich mich nach der Familienzeit noch einmal ins Unbekannte aufmachte. Ich hatte Freunde und Freundinnen, wurde gern als zupackend eingeschätzt und war es wohl auch. „Die Nacht hat zwölf Stunden, dann kommt schon der Tag", der Ohrwurm vom Großen und Kleinen von Brecht/Eisler fraß sich mir ins Gemüt, nur um ihn loszuwerden, stand ich auf. Im Spiegel blickten mir die ehemals braunen, nun leicht eingetrübten Augen inmitten von tausend Runzeln entgegen, die schütter gewordenen grauen Haare saßen platt wie eine Kappe am Kopf – egal, ich putzte die Zähne samt der Lücken und setzte mich an den Laptop.

Ich öffnete das Dokument „Kindheit im Schatten der Marienkirche", grübelte über die Erinnerungen an meine Kindheit in Lübeck im Krieg und die ersten Jahren danach, an Bombennächte und Trümmer, an Hunger und den Einzug der englischen Panzer vor unserem Haus. Die Formulierungen kamen mir dürftig vor, die Metaphern klischeehaft, die Vergleiche unpassend, ich kaute am virtuellen Bleistift. Also erst einmal einen Kaffee machen. Pling, sagte der Lautsprecher, eine Mail war eingetroffen. Wunderbare Ablenkung.

„Können Sie sich vorstellen, eine Fortbildung für Lehrkräfte in Bolivien zu übernehmen?" Die Anfrage des Seniorennetzwerks, das Experten weltweit vermittelt, kam gerade richtig. Ohne groß nachzudenken, sagte ich zu.

„Du fliegst nach Bolivien? Ist Evo Morales noch Präsident? Wird er in diesem Jahr wiedergewählt?"

„Bolivien? Da ist es wie im Mittelalter. Was machst du dort?"

„Die sind da unten hundert Jahre zurück. Und die wollen jetzt den Anschluss an die digitale Zeit?"

„Da ist jetzt Sommer. Du fliegst also in die Wärme."

„Bolivien? Berge? Dass du dir das antust!"

Antun? Tat ich mir etwas an? Die Vokabel implizierte Gewalt gegen mich selbst, Schmerz, eine Art Masochismus. War es so? Ich blickte in die Runde meiner Freundinnen. Vorurteile und Meinungen, rudimentäre Kenntnisse. Der Auftrag, eine Gruppe von Lehrkräften didaktisch und methodisch zu beraten, sollte mich in ein Land führen, das ich schon mehrfach besucht hatte – zuerst als Touristin, später immer wieder als Beobachterin von Frauen-Projekten des Marie-Schlei-Vereins.

Die innere Struktur des Landes kannte ich nur unzureichend aus Nachrichten, Statistiken und den Gesprächen mit den Projektfrauen. Seit der neuen Verfassung von 2009 hatten das Bildungsprogramm und die Beteiligung von Frauen hohe Priorität. In diesem Sinne sollte ich als Senior-Expertin dort tätig werden. Das bedeutete freien Flug, Essen und Unterkunft in der Einrichtung sowie ein Taschengeld. Ja, warum muss oder will ich mir das antun?

Ich habe meine Karriere als Lehrerin und Schulleiterin hinter mir, könnte meine Pension genießen. Aber wie? Ich spiele nicht Golf, züchte keine Rosen, gehe zwar dann und wann ins Konzert, ins Theater oder ins Kino, aber ich vermisse auch nichts, wenn ich nicht am Kulturleben Berlins teilnehme. Ich lese und schreibe viel, meist Tagebuch, vor allem, wenn das Leben mich mal wieder hart anpackt, die Welt mit ihren Herausforderungen mir zu nahe kommt. Manchmal war ich versucht, mich noch einmal politisch einzumischen, mich erneut sozial zu engagieren, aber dann schreckte ich doch zurück.

Viele Jahre hatte ich Jugendliche auf ihrem Weg ins Leben begleitet. Über meine Arbeit hatte ich ein Buch veröffentlicht,[1] jetzt

---

[1] Hannelore Besser, Fünfzig Jahre Pubertät. Meine Erfahrungen mit mir und Jugendlichen – 1965 bis 2015, BoD 2017

scheute ich mich, einen regelmäßigen, womöglich wöchentlichen Termin zu übernehmen. Zeitlich gebundene Einsätze insbesondere im Ausland kamen mir entgegen. Ich war gesund und fit, in solchen Projekten konnte ich meine Kenntnisse einbringen. Ich würde neue Menschen kennenlernen, in erster Linie junge Menschen mit Zukunft in den Augen. Die Einsätze dauerten niemals so lange, dass meine Ecken und Kanten, meine miesen Stimmungen und Unzulänglichkeiten, denn die gab es ja auch, offenbar wurden. Nein, ich tat mir nichts an. Im Gegenteil. Ich wurde gebraucht und das tat mir gut.

Diesmal also ein Einsatz in diesem faszinierend-fremden Land mit seinen unterschiedlichen Landschaften und verschiedenen Klimazonen. Dünne, kalte Luft und brennende Sonne auf viertausend Meter Höhe, feuchtwarmes Klima in der Urwaldregion mit ihren verschlungenen Wegen und seltenen Tierarten.

Wirtschaftlich hatte sich das Land seit dem Machtwechsel 2006 positiv entwickelt. Die MAS-Partei (Movimiento al Socialismo) mit dem Präsidenten Evo Morales, der aus dem indigenen Volk kam, und die Indigenen, die in Bolivien immer noch etwa sechzig Prozent der Bevölkerung ausmachen, hatten für mehr soziale Gerechtigkeit gesorgt. Einige Minen, die Öl- und Gasvorkommen waren verstaatlicht, die Infrastruktur für die Arbeiter und die Landbevölkerung war verbessert worden, es hatte eine Dezentralisierung stattgefunden. Daraus resultierten Interessenskonflikte mit den alten Eliten, die wirtschaftlich neoliberal orientiert waren, die Privilegien verloren hatten und die zu ihrem eigenen Vorteil agierten. Sie beherrschten zum großen Teil das Justizsystem, die öffentlichen Medien, das Gesundheitssystem.

Die Regierung unter Evo Morales bemühte sich um den Ausbau der Verkehrs- und Kommunikationssysteme, um mehr Bildung und kostenfreie Gesundheitsversorgung, die gesetzlich eingeführt wurde, aber noch nicht voll umgesetzt werden konnte. Bolivien galt als Investitionsland mit Wachstumspotenzial – fünf Prozent jährliches Wachstum verzeichnete es zwischen 2004 und 2014.

Durch veränderte Rohstoffpreise sank dieses Wachstum, aber es lag immer noch bei circa drei Prozent. Der Wandel ging mit einem Demokratisierungsprozess einher, bei dem auch und vor allem die regionalen und kommunalen Regierungen mit ihrer zum großen Teil indigenen Bevölkerung oder den Mestizen eingebunden waren.

Mestizen sind die Menschen aus den Verbindungen der indigenen Bevölkerung mit den Nachfolgern der Spanier, den Kreolen oder „Criollos". Misstrauisch verfolgten diese Criollos den Prozess, sie hielten das Land für das ihre und wollten die „Cholos" nicht anerkennen. Der rassistische und abwertende Begriff Cholo benennt sowohl die Urbevölkerung mit ihren zahlreichen Stämmen als auch die Mestizen. Eine Konfliktquelle sind geschlossene Minen. Zur Ausbeutung hatte man Indigene und Mestizen gebraucht; wenn Minen geschlossen werden, sind die Menschen arbeits- und heimatlos. Ein Teil von ihnen wird Bauer und baut Coca an, ein anderer Teil wandert nach El Alto, bildet das Heer billiger Lohnkräfte für die Mittel- und Oberschicht in La Paz.

El Alto ist heute eine Stadt mit mehr als eine Million Einwohner, viele Industrie- und Dienstleistungsbetriebe haben sich angesiedelt. Seit einigen Jahren ist El Alto durch eine Seilbahn mit der Hauptstadt verbunden. Die Stadt konkurriert mit Santa Cruz, dem Zentrum der Criollos, das man auch gern einen Vorort von Florida nennt, denn die Flüge in die USA verkehren mehrmals täglich. Bolivien warb zur Zeit meines Einsatzes um neue Investoren, mit der EU fanden Verhandlungen über ein Handelsabkommen statt. Die Deutsche Gesellschaft für Internationale Entwicklung (GIZ) hatte Energie- und Wasserprojekte angeschoben, sie konzentrierte sich auf die Reform von Verwaltung und Justiz sowie auf die Stärkung der Zivilgesellschaft unter Einbeziehung der indigenen Bevölkerung.

Ich las die Empfehlungen des Auswärtigen Amtes. Da wurde von Raub und Diebstahl, von Überfällen und schweren Busunfällen berichtet. Die Erklärungen waren wahrlich nicht ermutigend.

Und zum Klima hieß es, dass es während der Regenzeit insbesondere in gebirgigen Regionen regelmäßig zu Überflutungen und Erdrutschen käme. Das sollte sich während meines Aufenthalts bestätigen.

Reisevorbereitung

Schon wieder packen! Gerade erst war ich aus Peru zurückgekommen, hatte das Familien-Weihnachten überstanden, war in Schweden ins neue Jahr gestartet und jetzt sollte ich Lehrkräfte in Bolivien fortbilden. Ich machte mich freudig an die Vorbereitungen, machte eine Liste und holte den erst kürzlich ausgepackten Koffer aus dem Keller. Den Auftrag hatte ich im Dezember unterschrieben, aber der Leiter der Organisation K'anchay – was so viel heißt wie „Licht" oder „Sonnenaufgang" –, die mich über das Netzwerk für Senior-Experten[2] angefordert hatte, war in den Ferien gewesen und erst vor zwei Tagen hatte ich das erste Mal via Skype mit ihm sprechen können. Meine Fragen zur Vorbildung der Lehrkräfte, zu den Inhalten und zur Organisationsstruktur hatte ich ihm geschickt, sie waren wegen der Sommerferien in Bolivien unbeantwortet geblieben. Bis jetzt wusste ich nur: Es handelte sich um Internate, die weit entfernt von städtischer Infrastruktur lagen. Also alles irgendwo in den Bergen und spannend. Das Konzept der NGO K'anchay entnahm ich deren Webseite: Die ländlichen Internate, die CEAs (Comunidades Educativas Agroecológicas – Agroökologische Erziehungsgemeinschaften) tragen zur Erziehung und Ausbildung von Jungen und Mädchen zum Bakkalaureat bei. Sie fördern praktische Leitungskompetenzen, befähigen für Dienste in der Gemeinde bei eigenständiger Identität und dem Stolz, dazuzugehören – dankbar, mit kulturellen Werten, respektvoll, frei und verantwortungsvoll.[3]

---

[2] Senior Experten Service (SES) – Stiftung der Deutschen Wirtschaft für internationale Zusammenarbeit GmbH, Bonn

[3] „Los internados rurales (CEAs), contribuyen en la formación y capacitación de bachilleres (varones y mujeres) fomentando la práctica del liderazgo, el servicio a la comunidad, con identidad propia y fomentando el orgullo de pertenecer a la misma, agradecidos, con valores culturales, respetuosos, libres y responsables."

Francisco, dem Leiter in Cochabamba, konnte ich jetzt meine Fragen stellen.

„Gehen die Schüler in staatliche Schulen? Soll ich eine Art Nachhilfe geben?"

„Nein, wir unterrichten selbst auch Lesen, Landwirtschaft und Mathematik."

„Gibt es dafür Lehrpläne? Soll ich die mit den Lehrkräften entwickeln?"

Ich erhielt eine ausweichende Antwort.

„Du wirst die erste Woche in Vila Vila sein. Da sind alle Lehrer aus allen Internaten zu Beginn des neuen Schuljahres versammelt, diese Lehrkräfte sollen von dir lernen."

„Wieso Vila Vila? Im Kontrakt stand San Marco."

Vor Schreck kickste meine Stimme.

„Das Internat San Marco liegt nur zweitausenddreihundert Meter hoch, das wäre für den Anfang viel besser als Vila Vila auf fast viertausend."

Ein Helfer, der bereits einmal dort gewesen war, hatte berichtet, das sei die neueste und größte Einrichtung der kirchlich-humanistisch orientierten Organisation K'anchay und auf der Webseite hatte ich gelesen, dass K'anchay sieben Internate südlich von Cochabamba betreibt – sechs im Norden der Provinz Potosí, eines in der Provinz Cochabamba.

Laut dem neuesten Plan sollte ich nun je eine Woche in Vila Vila, Qachari, Colloma und Toracarí den Erzieherinnen und Erziehern – *educadores* – didaktische und methodische Anregungen für die Gestaltung von Unterricht und Freizeitaktivitäten geben. Der Kontrakt war bewusst offen gehalten, die Aufgaben sollten vor Ort ausformuliert werden. Die winzigen Orte hatte ich auf der Karte tief in den schrundigen Bergen entdeckt, jedes dieser Dörfer zählte zwischen zwanzig und sechzig Familien. Vor allem der Anfang in der Höhe war eine große Herausforderung. Einzelheiten und Kenntnissplitter wirbelten mir durch den Kopf. Bolivien, dreimal so groß wie die Bundesrepublik, circa elf Millionen Einwohner, dünn besiedelt, nahezu unberührte Täler und Urwaldgebiete! Neben den Amtssprachen Spanisch, Quechua, Aymara und Guaraní nennt die Verfassung vierunddreißig weitere Sprachen. Auch wenn das Land touristisch teilweise erschlossen war, so führte mich dieser Auftrag doch in eine ferne, fremde Welt. Zaghaft setzte ich das Gespräch fort.

„Und warum nicht San Marco?"

„San Marco ist in dieser Jahreszeit nicht mit einem Fahrzeug zu erreichen. Man muss drei Stunden zu Fuß gehen und durch einen Fluss waten. Unsere erste Bitte um Hilfe war für den Winter gedacht, wenn die Flüsse ausgetrocknet sind."

Wie es in der Broschüre geheißen und wie ich es auch schon erlebt hatte: während der Regenzeit unpassierbar! Das erklärte die Veränderung, ließ aber mein Herz schon im Voraus heftig schlagen. Dreitausendachthundert Meter hört sich einfach an, aber wenn man sich den höchsten Berg Deutschlands, die Zugspitze, mit fast dreitausend Metern Höhe ins Gedächtnis ruft und wie man dort hinaufkommt, kann man staunend ermessen, wie anders das bäuerliche Leben in dieser Höhe sein muss. Ich kannte Menschen, die sich dem niemals auszusetzen wagten. Ich selbst hatte ebenfalls Respekt vor der dünnen Luft in der Höhe. Schon häufiger hatte ich Projekte in über dreitausend Meter besucht, hatte üble Erfahrungen mit der Höhenkrankheit gemacht, wenn nicht ausreichend Zeit für die Adaption gewesen war.

„Am ersten Tag bin ich sicher nicht einsatzfähig. Da muss ich erst einmal schlafen und viel Coca-Tee trinken."

„Das ist kein Problem. Wir kommen sowieso alle aus den Ferien. Das Büro, die Küche und so weiter werden erst in Betrieb genommen. Alle Mitarbeiter aus den Internaten und die Schüler der fünften und sechsten Sekundaria sind die erste Woche in Vila Vila. Am ersten Tag machen wir die Planung, du kannst am zweiten Tag mit der Fortbildung beginnen. Wir holen dich in Cochabamba ab, du übernachtest in der ersten Nacht in einem

Hotel, am nächsten Morgen brechen wir nach Vila Vila auf, das sind sechs Stunden Fahrt."

Besorgt-gespannt und mit dem Spruch vom Suppe-Auslöffeln im Sinn presste ich meine ohnehin schmalen Lippen noch fester zusammen und blickte den in mich gesetzten Erwartungen und den Herausforderungen tapfer entgegen.

Mein Koffer füllte sich mit didaktischem Material, mit allerlei Buntstiften, Kleber, Scheren und Heften für die Selbstlernmethoden. In der Beschreibung hatte gestanden, dass es Flipcharts und Whiteboards gäbe. Auch Internet wurde versprochen, ich könnte von einer Schul- bzw. Seminarausstattung ausgehen, war aber vorsichtig. Vor zwei Jahren war bei einem Einsatz im Kosovo auch Infrastruktur versprochen worden, vor Ort erwiesen sich die Lernorte aber oft als Abstellkammern. Besser war es, auf alles gefasst zu sein. Viel Kleidung brauchte ich nicht, das Äußere bedeutete mir nicht viel. Etwas für die Wärme, etwas gegen die Kälte, ratsam war es, sich in Schichten zu kleiden, das Wetter wechselt schnell in den Bergen.

Der Abschied rückte näher. Ich lud ein paar Freunde ein, Beate und Sita, die verlässlichen Freundinnen, und Ronald, den langjährigen Freund, eigentlich nur ein E-Mail-Freund. Seit wir uns vor einigen Jahren in einer Stadt im Norden, in der ich kurze Zeit gelebt hatte, kennengelernt hatten, war ein reger Austausch mit einer distanzierten Nähe entstanden. Zum ersten Mal vor einer langen Reise fühlte ich eine unerklärliche Spannung, eine kreatürliche Angst – es war ein Abenteuer, alles konnte schiefgehen. Absagen oder aufgeben kam aber nicht infrage.

Die Freunde brachten Bücher und Geschenke für meinen bevorstehenden Geburtstag. Das war lieb gemeint und ziemlich lästig. Was sollte ich mit einem Büchlein mit Überlebenstechniken, einem Tausend-Seiten-Buch über einen Briefwechsel von zwei Frauen und den anderen hübsch verpackten Geschenken, die zwei Kilo wogen? Alles hierlassen? Etwas davon mitnehmen? Ausdrücke von Liebe und Zuneigung, die mich froh machten, die als

Gepäck jedoch ungeeignet waren. Wir saßen bei viel Wein in meinem gemütlichen Schlaf- und Arbeitsraum, ließen Vergangenes vorüberziehen und erörterten meine Motivation für diesen Einsatz.

„Ist es dein Ehrgeiz? Deine Eitelkeit?"

„Nein, ich glaube, ich kann einfach nicht aufhören. Picasso hat ja auch nicht aufgehört zu malen, als er fünfundsechzig war. Ich bin nicht Picasso, sondern Lehrerin und solange ich als solche gebraucht werde, ist es gut. Ich hab das Gefühl, etwas bewirken zu können. Vielleicht ist es immer noch die Idee, die Welt ein wenig besser zu machen."

„Warum kannst du dein Leben nicht einfach nur genießen?"

„Einfach nur epikureisch leben? Nein, das liegt mir nicht. Sicherlich ist es eine Mischung aus allen möglichen Motiven, auch Flucht, ja, aber vor allem ist es Lust. Ich habe Lust, das, was ich kann, anzuwenden, und ich darf es. Weitergeben von Erfahrungen, wieder und wieder kann ich jungen Menschen gangbare Wege in die Eigenständigkeit aufzeigen. So ist mein Leben. Ein Gedicht von Werner Bergengruen fängt an: „Löse dich von Haus und Haft / eh' der Herd verglimmt …" Das könnte mein Lebensmotto sein. Letztlich, ja, vielleicht ist es Liebe. Zu mir selbst und zum Nächsten. Und sei es nur Eine oder Einer, der oder dem ich helfen kann, das Leben zu meistern. Ich würde unsere Welt gern ironisch sehen und freue mich über Schriftsteller, die das hinkriegen, oder über solche, die wütend sind. Es gibt andere, die den Weltschmerz in Gedichte oder traurige Geschichten kleiden, wie Mora oder Handke. Ich kann das nicht. Ich möchte den um Entwicklung bemühten, kämpfenden Menschen ernsthaft und auf Augenhöhe begegnen und über sie berichten."

Ronald lächelte still in sich hinein, er hatte sich in den Jahren unserer Freundschaft daran gewöhnt, dass ich aufbrach, immer wieder aufbrach.

Später feierten wir in der Küche Abschied mit meinen beiden WG-Mitbewohnern. Auch die beiden jungen Männer fragten nach meinen Motiven.

„Ist es ein Projekt der Entwicklungshilfe? Gehörst du zu den Gutmenschen, die die Welt verbessern wollen?"

Ich sah mich in der Rechtfertigungsfalle.

„Andere züchten Rosen, spielen Golf oder machen Kreuzfahrten. Ich mache Fortbildungen für Lehrer und Schüler in aller Welt."

„Aber letztes Jahr in Peru hast du doch keine Fortbildung gemacht?"

„Nein, da war ich für ein Frauenprojekt auf dem Altiplano. Davor war ich im Kosovo und in Nepal, das waren Bildungsprojekte. Letztlich soll es sich immer um Hilfe zur eigenständigen Entwicklung handeln."

„Schick mal Bilder, damit wir uns vorstellen können, wo du bist."

Ich versprach es und unter guten Wünschen mit viel Alkohol – wahrscheinlich zum letzten Mal – ging der Abend zu Ende.

Alles war bisher glattgegangen, zu glatt, wie mir schien, hoffentlich war das kein schlechtes Omen. Der Wurm der Unsicherheit lauerte im Magen.

Beate wollte mich abholen und zum Flughafen Tegel bringen, Sita mich bis zum Abflug begleiten. Die guten Seelen – was wäre meine Welt, mein Alltag, ohne meine Freundinnen, ohne diese verlässliche Frauensolidarität.

Auch ein langer Flug endet einmal

Pünktlich um vier klingelte Beate. Ich hatte ein bisschen Gitarre gespielt, um mit „Imagine" von John Lennon die Aufbruchsnervosität zu dämpfen. Bald danach kam Sita, gemeinsam hievten wir den Koffer, der mit den nun doch eingepackten Büchern viel zu schwer geworden war, und dazu den „Balkankoffer" ins Auto. Für diese zugegeben nicht sehr vornehme Plastiktasche hatte ich mich wegen der Unterrichtsmaterialien entschieden; was nicht verbraucht war, wollte ich an die Internate verschenken, die Falttasche ließe sich dann einfach entsorgen. „Der Schlafsack", lachte Sita, „willst du den auch noch mitnehmen?" Ha, wenn sie gewusst hätte, was mir dieses Stück noch bedeuten sollte! Beate ließ uns mitsamt dem Gepäck in Tegel aus dem Auto und fuhr weiter zu ihrem nächsten Termin. Trotz des Gewusels am völlig überlasteten Flughafen – die Eröffnung des neuen Hauptstadtflughafens BER zog sich hin – lief das Einchecken problemlos.

„Eigentlich müsste man den Flugbetrieb wegen der Luftverschmutzung auch limitieren."

„Ja, aber welcher Politiker würde es wagen, das vorzuschlagen?"

„Klimasorgen in aller Munde und alle machen weiter wie bisher. Nach uns die Sintflut! Das sagt zwar niemand, aber wir handeln so."

Wir gingen zu Leysieffer, diesem gepflegten, teuren Warteraumrestaurant. Sita spendierte Sekt, wir unterhielten uns übers Reisen, über das Gefühl, hier oder dort am richtigen Ort zu sein. Sita beklagte Einsamkeit, die sie überall hin mitnahm, ich meine Lust an der Abwechslung. Charakterzüge, die wir ins Alter mitgenommen hatten. Der Schluss war wie immer, dass man sich mit all seinen Macken verbrauchen muss, wie man ist. Sita gefiel das Wort „verbrauchen" nicht.

„Na gut", lenkte ich ein, „sagen wir akzeptieren."

„Und denk mal, welch ein Glück es ist, dass wir heute auch als Frauen allein in alle Welt reisen können. Das war nicht immer so und ist auch heute noch nicht für alle Frauen in allen Ländern selbstverständlich."

„Die Ungleichheit ist auch in der Bundesrepublik noch groß. Wir leben in einer patriarchalisch strukturierten Gesellschaft."

„Ich versteh die Gender-Diskussionen nur zum Teil. Ja, sicher, ungleiche Bezahlung, wenige Frauen in den Aufsichtsräten. Wenn ich jetzt in Bolivien bin, weiß ich auch, dass da mehr Jungen als

Mädchen die Sekundarschule besuchen werden. Immerhin hat die Zahl der Mädchen mit Schulabschluss und Studium zugenommen. Die Entwicklung geht dir vielleicht nicht schnell genug, aber sie läuft."

„Du triffst es immer irgendwie gut", wechselte Sita das Thema und die Gender-Debatte blieb in der Luft hängen.

„Höre ich da Neid heraus? Schopenhauer sagt, die Welt ist ‚Wille und Vorstellung', Thomas Mann meint ‚Glück und Erfolg sind in uns' und Chaplin hat sich das so zurechtgelegt: ‚Wenn du immer da sein willst, wo du gerade bist, bist du immer am richtigen Ort.'"

Das waren für Sita alte Tröstungen, ich hatte derlei Sprüche oft wiederholt; sie drangen nur teilweise zum Gefühl der Freundin durch. Mir reichten sie für unterwegs – es war meine Version von Stoizismus. Wir seufzten beide, jedoch aus völlig unterschiedlichen Gründen.

Jetzt aber auf zum Gate! Dort hatte sich eine lange Schlange gebildet. In den beiden ehemaligen Warteräumen hatte der Sicherheitsdienst Position bezogen. Ich drängelte mich vor, es war schon ziemlich spät für meinen Abflug. Und plötzlich sah ich mich mitten im überfüllten Warteraum in einem Chaos. Da standen die Menschen, die ruhig auf ihren Flug nach Riga warteten, da drängelten sich die Gäste für den verspäteten Flug nach München und die für den ebenfalls verspäteten Flug nach Frankfurt, zu denen ich gehörte. Es hatten aber auch schon einige für die darauffolgenden Flüge die Sicherheitskontrollen passiert, die Stimmung war gereizt und unsicher. Wie bei einem Viehauftrieb, dachte ich. Die Schalterdamen dämpften Erregungen, beantworteten geduldig Fragen, wann nun welcher Flug als nächstes abgefertigt würde, ob man seine Anschlüsse bekäme und so weiter. Mindestens die Hälfte aller Wartenden informierte per Handy irgendjemanden lautstark von der Verspätung, der Rest tippte hektisch ins Smartphone, dauernd piepte es, weil Meldungen eingingen. Wer von den Frauen noch einmal aufs Klo musste, hatte Pech. Von den beiden eigentlich nur für einen Flugsteig gedachten Toiletten war eine ohne Tür. Keine wagte, sich den Blicken der Nachfolgenden auszusetzen, brav warteten alle vor der einen Kabine mit Tür. Frech bat ich eine Dame, die Tür zu spielen, und erleichterte mich. Das war schon mal eine Übung für unzulängliche Toiletten in den Bergen! Die Zeiger rückten vor und die eingeplante Stunde zum Umsteigen in Frankfurt schrumpfte unaufhaltsam. Schließlich war München abgefertigt, mein Flug wurde aufgerufen. Die großen Bordkoffer, die viele Passagiere bei sich führten, waren nicht alle in den Gepäckfächern unterzubringen, es gab ein Hin und Her und weitere Verzögerungen. Wir starteten mit mehr als einer Stunde Verspätung, landeten in Frankfurt – und da dehnte sich erneut die Zeit, bis ich endlich aus dem Airbus herauskam. Der war am Flugsteig – fast möchte man sagen natürlich – am äußersten Ende des A-Flügels gelandet und ich musste zum äußersten Ende des C-Flügels. Am Anfang gab es zwei oder drei Laufbänder, aber dann war Dauerlauf durch die Gänge angesagt. Noch einmal Passkontrolle. Noch einmal Handgepäckcheck: „Entschuldigung, wir müssen Ihren Laptop auf Sprengstoff prüfen!" Die Sicherheitsfrau verschwand mit meinem Laptop nach hinten, das fraß weitere kostbare Minuten, ich sah auf den gleichgültig vorrückenden Zeiger meiner Uhr, sah mein Flugzeug schon entschwinden. Endlich bekam ich meine Sachen ausgehändigt. Die Gänge waren leer, kein Mensch mehr an den Abflugschaltern der Großflugzeuge. Wieder verfiel ich in Dauerlauf. Die Beine gaben deutliche Zeichen von Überforderung, aber ich wollte, musste es schaffen, hetzte mit eisernem Willen vorwärts. Jetzt bloß nicht stolpern! Mit letzter Kraft und zitternden Beinen stürzte ich in den Jumbo: „Wasser, Wasser, bitte erst einmal ein Glas Wasser!" Der Steward verriegelte die Sicherheitstür hinter mir. Geschafft! Erschöpft machte ich es mir auf dem komfortablen Sitz in der Premiumklasse bequem, im Behälter vor mir gab es eine weitere Flasche Wasser, liebevolle Botschaften kamen von Ronald, der die Verspätungen von seinem Arbeitsplatz aus verfolgt hatte und nun einen entspannten Flug wünschte – alles war gut! Jedenfalls für diesen Moment.

Die Spannung ließ jedoch nicht nach. Zum Flug nach São Paulo hob der Jumbo erst einmal nicht ab. Die Flügel mussten enteist werden, ein Techniker versuchte, die Elektronik für das Bord-Entertainment zu reparieren; wir standen am Boden, der Steward entschuldigte sich wiederholt wegen der Technik, aber endlich, endlich hoben wir ab, blieb die Stadt unter uns. Der Techniker wiederholte seine Bemühungen um das Film- und Musikprogramm, es blieb unzugänglich, die flimmernden Bildschirme zeigten nur den Flugbericht und glänzten ansonsten in beruhigendem Schwarz. Ein paar Leute behalfen sich mit eigenen Filmen, auch ich hatte ein paar auf einem USB-Stick mitgenommen, die wollte ich für die zu erwartenden einsamen und kalten Abende in Bolivien aufheben. Hinter mir plauderten zwei Damen zum Mithören über ihre Erlebnisse in Europa. Hoffentlich, dachte ich, sind die bis zur Nachtruhe fertig. Der wohlbeleibte Brasilianer neben mir beugte sich von Zeit zu Zeit zu zwei Herren in der vorderen Reihe. Ich wartete aufs Essen, die Spiegeleier vom Frühstück waren längst verdaut.

Das Menü war das gleiche wie in der Economy-Class, aber mit echtem Besteck und Wein aus einem echten Glas fühlte ich mich doch geadelt. Beim Brandy zum Kaffee prostete ich meinem Nachbarn zu: „Cheers! Immerhin sitzen wir noch neun Stunden eng nebeneinander." Er erwiderte den Gruß, blieb reserviert und nach ein paar Höflichkeitsfloskeln schweigsam. Auch gut. Ich suchte nach Ablenkung, die vor mir liegende unklare Aufgabe machte mich nervös. Ich schlief und wachte mich durch die Nacht auf diesem schier endlosen Flug. Ich las ein paar Zeilen, dann döste ich wieder. Das Buch „Schlafen werden wir später" von Zsuzsa Bánk war eine ärgerlich redundante Lektüre. Zwei Freundinnen berichten sich Freud und Leid des Alltags. Eine ist Lyrikerin, arbeitet an einem Stück Prosa, kommt nicht voran, weil sie drei Kinder hat.

Die andere ist Lehrerin, quält sich mit einer Dissertation über Annette von Droste-Hülshoff. Beide bestätigen sich in jedem Brief ihre unendliche Liebe. Leider haben beide den völlig gleichen Schreibstil, sodass meist nicht klar ist, wer nun gerade klagt. Ich griff zu Bewährtem und begleitete David Copperfield per E-Book durch sein kindliches Elend. Als ich ganz wach war, zeigte die Fluginfo immer noch drei Stunden bis São Paulo an.

Zehn vor sechs. Der Himmel lag unter uns wie eine Blaubeersuppe mit Eischneehäubchen, der Horizont strahlte in blaurosa Pastellfarben. Der Steward brachte das Frühstück, der Bildschirm zeigte, wo wir uns befanden, links lag Rio de Janeiro, rechts Resende, ich nickte wieder ein, träumte Ungereimtes, wachte orientierungslos auf. Irgendwann ist auch ein Langstreckenflug am Ziel, endlich landete der Flieger in São Paulo.

Passkontrolle, Sicherheitschecks und so weiter, die Prozedur hat sich weltweit eingependelt. Suchen des Gates für den Anschlussflug nach Santa Cruz de la Sierra, das gar nicht in den Bergen, sondern im abgeholzten Urwald liegt. Das Gepäck war zum Glück bis dorthin durchgecheckt. Ich fand das Gate, musste wieder warten, erinnerte mich an die Empfehlungen einer Freundin: Nimm etwas zu stricken mit! Hatte ich aber nicht befolgt und saß herum. Zum Glück gab es WLAN und den Lieben daheim konnte ich die Botschaft meiner guten Zwischenlandung vermelden. Die Verspannung im Bauch hörte jedoch nicht auf.

Verwirrung in der Zeit

Beim Flug von São Paulo nach Santa Cruz verursachte ein Blick auf die Uhr einen kurzen Moment der Irritation. Die Zeiger standen auf ein Uhr und wir flogen noch in zehntausend Meter Höhe, der Anschlussflug nach Cochabamba sollte um vierzehn Uhr starten. Dann ein Ausatmen: Es ging nach Westen, das hieß weitere zwei Stunden Zeitverschiebung zu den dreien zwischen Frankfurt und São Paulo. Jetzt konnte ich die kristallinen Wolkenformationen unter mir entspannt genießen.

In Santa Cruz schlug mir modrig-feuchte Tropenluft entgegen. Ich war viel zu warm angezogen. Den neuen, warmen Pulli hatte ich schon in São Paulo ausgezogen, trotzdem sammelte sich sofort Schweiß in den Achselhöhlen, ich mochte mich nicht riechen, fand mich unangenehm, fast eklig. Weil ich ab hier nur zwanzig Kilo Freigepäck hatte, musste ein dickes Buch aus dem Koffer in die Plastiktasche umziehen. Das zweite Gepäckstück musste ich bezahlen und während das mit der Kreditkarte elektronisch möglich war, musste die an der Kasse verantwortliche Beamtin die Nachzahlung handschriftlich in ein Buch eintragen – widersprüchlich prallten Moderne und Mittelalter aufeinander.

Nach der Zollkontrolle zog ein schlanker, älterer Mann seine Koffer neben mir durch die Halle.

„Sie sind doch schon von Frankfurt gekommen", sprach er mich an. Ich wandte mich ihm zu, sah ihn zum ersten Mal bewusst an und dachte, irgendwie sieht er so drahtig aus wie ein typischer Entwicklungshelfer.

„Ja, zumindest in São Paulo hab ich Sie auch schon gesehen."

Zusammen kamen wir am Schalter der Telefongesellschaft an, um eine SIM-Karte für Bolivien zu erstehen.

„Die Dame zuerst", lächelte er, als sich der beleibte Angestellte um mich bemühte. „Nein, Sie waren zuerst da", lehnte ich höflich ab. Es stellte sich heraus, dass er ebenfalls als Senior-Experte unterwegs war. Er flog nach La Paz zu einer Sonderschule, es ging dort um ein Kunstprojekt. Er war schon häufig in Südamerika gewesen, wollte nach seinem Einsatz in La Paz nach Kolumbien weiterfliegen. Sein Buch „Kunsterziehung von Klasse 1 bis 8" war ins Spanische übersetzt worden, er hatte es dabei, ich blätterte begeistert darin. Er sei Waldorf-Lehrer gewesen, hinge aber nicht sklavisch an diesem pädagogischen Konzept, alle Dogmatik lehne er ab. Das klang sympathisch, denn ich übernahm selbst gern Elemente von Waldorf- oder Montessori-Pädagogik. Wir saßen im Café, sprachen über unseren jeweiligen Einsatz, bedauerten das späte Kennenlernen und tauschten die Mailadressen. Er brachte mich zum Flug nach Cochabamba, seiner nach La Paz ging eine halbe Stunde später. Wie schade, dachte ich, wir waren Fluggenossen über eine lange Strecke, mit fast gleichem Auftrag unterwegs, hätten ein paar Ideen austauschen können, aber leider sind wir zu spät aufeinander aufmerksam geworden. So blieb es eine hübsche, folgenlose Begegnung.

Ankunft in Cochabamba

Nach dreiviertelstündigem kurzweiligem Flug landete ich in zweitausenddreihundert Meter Höhe und war zunächst am Ziel. Ich konnte kaum glauben, dass das Gepäck vollzählig vom Band lief, passierte den müde winkenden Zoll und schaltete wieder den suchenden Blick ein, wie immer bei der Ankunft auf Flughäfen. Wo ist jemand, der auf mich wartet? „Sei uns der Gastliche gewogen, der von dem Fremdling nimmt die Schmach!" – die Bitte des Ibykus im Sinn forschte ich in die Menge der Wartenden. Die unangenehme Erinnerung an Nepal vor zwei Jahren tauchte auf: Ich war frühmorgens um sieben in Kathmandu gelandet, hatte mich nach dem Schild mit meinem Namen umgesehen, es war nirgends zu entdecken gewesen. Die Halle hatte sich geleert, ein paar für ein Fest besonders schön in rot-goldene Saris gekleidete Inderinnen und Nepalesinnen stellten sich zum Foto auf, ich selbst stand verloren in der Morgensonne. Ein paar Taxifahrer bemühten sich um mich. Ich stand fassungslos am Rand, wehrte Zudringlichkeiten ab und fand schließlich die Telefonnummer eines Bekannten, der die verspätete Abholung veranlasste.

Auch jetzt in Cochabamba glitt mein Blick bang an den Wartenden entlang. Ich bewegte mich durch einen Pulk junger Leute, die ein riesiges Willkommensschild für jemanden gemalt hatten, ein paar Namen wurden hochgehalten, meiner war nicht darunter. Bevor ich mir ernsthaft Sorgen machen konnte, standen zwei kleinen Herren vor mir, die leise „Hannelore - Hanna?" fragten. Es waren meine beiden Abholer, Francisco Trujillo, der Leiter der Organisation K'anchay und Germán Castaño, der örtliche

Repräsentant des SES. Ein kurzer Austausch über den Ablauf, dann saßen Francisco und ich im Taxi, Germán traf mit eigenem Auto im Hotel ein. Bei einer späteren Gelegenheit führte er stolz seinen Oldtimer vor, einen gepflegten alten Volkswagen. Ich ging davon aus, dass man erst einmal, zum Kennenlernen, einen Tee zusammen trinken würde, aber Francisco, ein kleiner, dunkelhäutiger Mann, die untersetzte Statur wies ihn als Quechua-Angehörigen aus, bestand auf baldigem Aufbruch – keine Spur von südamerikanischer Gelassenheit. Er drückte mir ein paar Geldscheine, Teil des Taschengeldes für die Einsatzzeit, in die Hand, wollte keine Unterschrift, half mir, die gekaufte SIM-Karte ins Handy einzulegen, und verabschiedete sich.

„Ich muss heute noch nach Vila Vila. Du wirst morgen um acht Uhr dreißig abgeholt.“

Das war eine kurze, heftige Begegnung! Germán und ich saßen betroffen da, schluckten, blickten uns an, gingen zusammen ins Restaurant. „Sie haben aber hübsche Ohrringe“, eröffnete Germán das Gespräch. Ich freute mich über die Bemerkung, war der Ohrschmuck doch so eine Art Erkennungszeichen für mich. Ein kleiner Rubin saß am Ohrläppchen, er wurde ergänzt durch einen schmalen Silberbogen mit einem eingravierten Käfer. Vor allem das eingravierte Insekt identifizierte mich.

„Haben Sie die in Bolivien gekauft?“

„Nein, die habe ich vor vielen Jahren in Peru geschenkt bekommen.“

Daran anknüpfend plauderten wir über meine früheren Reisen und die Erlebnisse in Südamerika, auch die in Bolivien und über meinen Auftrag.

„Ich soll die Erzieher didaktisch und methodisch beraten. Was genau ich tun soll, weiß ich nicht. Es ist mir bisher unklar, ob die Schüler in den Internaten nur wohnen und in öffentliche Schulen gehen, ob im Internat ergänzender Unterricht oder eine Art Nachhilfe gegeben wird.“

Germán erwies sich als guter Zuhörer, konnte über die Struktur in den Internaten aber nicht viel sagen. Während er von sich erzählte, hatte ich Zeit, ihn genau anzusehen. Er war ein distinguierter älterer Herr, sehr klein, sehr schlank, Ende siebzig, also ungefähr so alt wie ich. Er hatte ein schmales, faltiges Gesicht und braune, freundliche Augen; die weißen, immer noch vollen, leicht gewellten Haare verliehen ihm ein aristokratisches Aussehen.

„Ich bin Bolivianer, habe in der Schweiz studiert. Lange war ich bei der internationalen Gesellschaft Brown Boveri in Kanada angestellt und als sich die Gelegenheit bot, für diese Firma die Generalvertretung in Bolivien zu übernehmen und in Cochabamba zu arbeiten, habe ich zugegriffen. Die drei Kinder leben jetzt in den Vereinigten Staaten. Meine Frau ist vor dreiundzwanzig Jahren gestorben."

Meine Gedanken schweiften ab. Wie oft bei solchen neuen Bekanntschaften blitzte auch jetzt der Gedanke in meinem Altfrauenkopf auf, dieser vornehme, kleine Mann könnte mir direkt und ohne Weiteres einen Heiratsantrag machen. In Gedanken formulierte ich meine Bereitschaft bzw. die Bedingungen, die mich veranlassen könnten, einen solchen Antrag anzunehmen und nach Cochabamba zu ziehen. Ewige Mann-Frau-Träumerei! Dabei wusste ich genau, dass diese Spinnereien jeglicher Realität entbehrten. Doch wer weiß, vielleicht ginge er auf einen Flirt ein. Bevor ich mich weiteren Illusionen hingab, hörte ich ihm lieber aufmerksam zu. Er erzählte von seiner Tätigkeit für das Seniorennetzwerk und die Organisation K'anchay, von der er, wie er zugeben musste, nicht allzu viel wusste.

„Ich betreue nicht die Projekte direkt. Ich schaffe nur die Verbindung nach Deutschland. Bei K'anchay fehlt es meiner Ansicht nach an Organisation, Struktur und Ordnung. Die Arbeit ist wohl gut, aber guter Wille allein reicht nicht. Wenn Sie zurückkommen, müssen Sie mir genau berichten, wie Sie die Arbeit sehen."

Aus meinen Gedanken gerissen, konnte ich nichts antworten, denn meine Kenntnisse hatte ich aus den Beschreibungen im Internet und von den zwei Telefongesprächen mit dem Agronomen, der in diesem Projekt bereits mehrfach Beratungen für nachhaltige Landwirtschaft durchgeführt hatte. Das Gespräch verlief sich im Allgemeinen und bald verabschiedete sich Germán, sich nochmals für die Mitbringsel bedankend – ich hatte ihm ein paar Pralinen und einen Brief übergeben. Wir verabredeten uns für ein Wiedersehen bei meinem nächsten Aufenthalt in der Stadt.

Verlaufen in Cochabamba

Inzwischen war es später Nachmittag geworden. Nach dem langen Flug sehnten sich meine Beine nach Bewegung und ich wollte etwas von Cochabamba sehen, auch wenn der Reiseführer keine besonderen Sehenswürdigkeiten hervorgehoben hatte. Ich suchte den zentralen Platz, Plaza 14 de Septiembre, nach dem Gründungsdatum der Stadt benannt.

„Sieben Blocks in diese Richtung", wies der Türsteher des Hotels den Weg. Frohgemut marschierte ich los, kam in die Avenida Ayacucho und war hingerissen von den die Straße flankierenden, strahlend gelb blühenden Röhren-Kassien, dem „Indischen Goldregen", lateinisch „cassia fistula". Einige Querstraßen weiter bog ich nach rechts ab – das erwies sich als falsch – und erst nach weiteren Umwegen kam ich bei Einbruch der Dunkelheit auf dem gepflegten Platz an: Blühende Rabatten, Profischuhputzer thronten auf soliden Hochstühlen, ein paar Kinder vergnügten sich auf dem Pflaster mit einem Murmelspiel. Überall standen Gruppen von jungen Leuten, auf den Bänken saßen Liebespaare eng umschlungen oder geruhsam ältere Leute, an einer Ecke hielt ein Mann Vorträge vor etwa zehn Zuhörern, die mehr oder weniger belustigt seiner mit viel Gestus vorgetragenen Rede folgten. Der steinerne Kondor auf der hohen Säule blickte gelassen auf das Treiben. Mir fiel auf, dass es keine schuhputzenden Kinder gab wie noch vor einigen Jahren und ich hatte auch keine Jongleure vor

den an einer Ampel wartenden Autos gesehen. War die Bildungs-
offensive der Regierung erfolgreich? Gingen die Kids in die Schule?
Hatten die Eltern ein Einkommen und mussten nicht mehr nach
winzigen Einkommensquellen suchen? Für die Erinnerung machte
ich ein paar Fotos, die die friedliche Atmosphäre unzulänglich ein-
fingen. Nach meinem Plan hatte ich von hier zum Hotel nur immer
geradeaus zu gehen; geradeaus war zwar richtig, aber die eingeschlagene Richtung erwies sich als falsch. Das passierte mir noch
zweimal, dabei durchwanderte ich zur Belustigung eines Autowä-
schers eine Straße einmal von Süd nach Nord und dann wieder
zurück. Ich war eine verwirrte Touristin mit einem fatalen Orien-
tierungssinn. Nach mehrmaligem Fragen nach der Reza-Straße
und der stereotypen Antwort „Oh, das ist weit. Nehmen Sie besser
ein Taxi!", hatte ich einen Stadtrundgang gemacht, war sieben Kilometer gelaufen und kam erschöpft im Hotel an. Vom Lauf durch
den Frankfurter Flughafen am Vortag und diesem Stadtgang
schmerzten Beine und Füße, die heiße Dusche richtete das
Schlimmste und zufrieden fiel ich ins XXL-Bett. Der Familie teilte
ich mit, dass ich zwar noch nicht am Zielort, aber heil bis
Cochabamba gekommen sei, und dann überließ ich mich unruhigen Träumen von Labyrinthen und Straßenfluchten, die sich mit
dem Morgengrauen zum Glück verflüchtigten.

Jetzt aber in die Höhe

Um sieben Uhr stand ich auf, ich brauchte keinen Wecker dafür,
konnte mich auf die zuverlässig funktionierende innere Uhr verlassen. Eben erst ausgepackt, suchte ich Laptop, Handy, Kabel,
Nacht- und Waschzeug wieder zusammen und verstaute alles im
Rucksack. Das Frühstück fiel wegen der bevorstehenden Höhen-
luft sparsam aus. Viel Coca-Tee, ein paar Früchte, zum Schluss
gönnte ich mir einen kleinen Pfannkuchen mit Sirup. Es gab zwei
Säfte: Tumbo und Carambola. Neugierig, welche Früchte sich dahinter verbergen, probierte ich beide, konnte keine Ähnlichkeit
mit Bekanntem feststellen, beide Säfte waren sehr süß. Tumbo,

las ich später, gehört zu den Passionsfrüchten und Carambola ist die auch bei uns bekannte Sternfrucht.

Ein etwa fünfzigjähriger freundlicher Mann kam mit dem Landrover und stellte sich als Florencio vor, auch er machte eine bewundernde Bemerkung über meinen Ohrschmuck. Ich dankte ihm und fühlte mich augenblicklich mit ihm vertraut. Er erinnerte mich an den Maler Machicado aus Peru, damals, als ich ihn kennenlernte: das gleiche grau melierte, gewellte Haar, die freundlich strahlenden braunen Augen, die breite Stirn, die hohen Wangenknochen, die dunkle Haut. Während er meine Sachen ins Auto lud, fragte ich nach seiner ethnischen Zugehörigkeit. Ja, bestätigte er, er sei Aymara. Ich verbot mir sofort jeden Gedanken an eine Mann-Frau-Beziehung – die Haut konnte es einfach nicht lassen, jeden halbwegs interessanten Mann als möglichen Partner zu prüfen. Ich ließ mir nichts anmerken und fragte nach seinem Leben. Als Soziologe sollte er in Vila Vila in der ersten Woche den Unterricht in Umweltverhalten übernehmen. Er hatte mehrfach in einem der Internate ein ganzes Jahr als Lehrer ausgeholfen, blieb aber jetzt wegen seiner Kinder in der Stadt, denn seine Frau, eine Biologin, arbeitete in einem Projekt im Urwald. In Cochabamba hatte er einen kleinen Stadtgarten angelegt, in dem er verschiedene Pflanzen anbaute und mit natürlichem Dünger und Mineralstoffen experimentierte. Zum Beispiel zerkleinerte er Steine und zermahlte sie zu feinem mineralischem Kompost. Mit ihm unterhielt ich mich auch in den nächsten Tagen immer wieder über den Klimawandel, die Erziehung in den Internaten, die bolivianische Politik und den Gartenbau – er wurde mein wichtigster Gesprächspartner.

Beim Viadukt „Melchor Pérez de Olguín", benannt nach einem in Cochabamba geborenen berühmten Maler des Barock, nahmen wir einen Lehrer und eine Assistentin auf, beide sollten in einem der Internate arbeiten. Das System der Assistenten bzw. Volontäre erklärte später der Vorsitzende des Vereins K'anchay, Pascal

Lutgan: „Nach Abschluss der Sekundarschule können die Jugendlichen ein Volontariat bei K'anchay machen. Nach zwei Jahren
erwerben sie einen Titel als *Técnico Medio* und können dann als
Lehrkräfte auch in der Primarschule arbeiten. Das Bildungssystem
ist mit der neuen Verfassung *Nueva Constitución Politítica del Estado* von 2009 grundlegend neu geordnet worden und enthält
eine Reihe von berufsqualifizierenden Ausbildungsgängen. Einer
davon wird auch mit der landwirtschaftlichen Bildung in den Internaten von K'anchay angeboten."

Wir verließen Cochabamba über eine breite Ausfallstraße mit
kleinen privaten Werkstätten, in denen Autoreparaturen, Reifen-
wechsel, Glas-, Metall-, Tischler- und Restaurationsarbeiten
angeboten werden wie an allen Stadträndern überall in der Welt,
weil die Mieten billig sind, Werkstatt und Wohnung der Familie
befinden sich im selben Haus. Nach circa einer Stunde hielt Florencio an einem Straßenimbiss, an dem sich mehr als zehn
Händler die Kunden teilten. Ich verzichtete weiter aufs Essen,
blieb bei Mate-Tee, aber die anderen bestellten eine graue Suppe,
in der Hühnchenteile, Reis und Kartoffeln schwammen, mir war
schon vorm Hinsehen übel. Ich beobachtete währenddessen eine
reizende Szene mit einem Hund und einer winzigen grauen Katze.
Das Kätzchen lag an den Hundepfoten, der Hund leckte es zärtlich
hinter den Ohren, von Zeit zu Zeit biss das Kätzchen spielerisch in
seinen Fuß, sprang plötzlich auf seinen Kopf, der Hund haschte
nach dem baumelnden Katzenschwanz, der ihm über die Augen
hing – alles geschah in freundlicher Gelassenheit, bis das Kätzchen
genug hatte und weglief, der Hund hinterher, dann bremste er ab
und ging seiner Wege und das Kätzchen fand Gefallen an ein paar
herabhängenden Fransen.

Florencio erwies sich als ein umsichtiger und vorsichtiger Fahrer, der den Jeep sicher über die Serpentinen und durch die
Schluchten lenkte, als sich die Straße in die Höhe schraubte. Oft
hing er hinter einem Lastwagen, sah manches gefährliche Über-
holmanöver, aber er fuhr auf Sicherheit. Wir passierten mehrere

Dörfer mit exotischen Namen: Quillacolla, Veinto, Parotamí, Labini. Die verschiedenen Felsen und Berganblicke entlockten mir mehrfach Ausrufe des Staunens und der Bewunderung. Runde Bergrücken lagen wie Tiere mit samtenem Fell in der Sonne, an anderen Stellen waren die Berge aufgerissen und bildeten Schründe, die wie riesige Blüten aufquollen; verschiedene Mineralien bildeten Buckel in den Abhängen wie schlafende Katzen – Gestalten, Formen und Farben ließen sie wie urzeitliche Tiere erscheinen. Einmal wollte ich im Gestein eine hintereinander herziehende Elefantenherde entdecken, der Größte voran, es folgten immer Kleinere, bis zu einem Babyelefanten. Oft bildeten die Gesteine Kegel, als sei eine Horde Zwerge mit Zipfelmützen dabei, die Berge zu bewachen. Einmal sahen die abfallenden Schluchten wie elegante Abendkleider aus, bereitgelegt für den Ball schienen sie auf die Trägerinnen zu warten. Und immer wieder waren Felsen aufgerissen wie das faltig zerfurchte Gesicht eines Greises, einer alten Frau, immer wieder boten sich atemberaubende Ausblicke in die Tiefe.

Im Auto fühlte ich mich sicher und spürte die Steigung nur durch das Knacken in den Ohren. Auf dem Pass waren wir bei viertausendeinhundert Meter angelangt und genau hier auf der Höhe hielt Florencio an.

„Dies ist ein guter Platz, um sich die Beine zu vertreten, ein bisschen durchzuatmen und vielleicht ein Geschäft zu verrichten.“

Natürlich hatte auch ich das Bedürfnis zu pinkeln, stieg munter aus dem Auto, aber oh weh! Nach wenigen Schritten mangelte es an Sauerstoff. Ich musste Wasser lassen. Was tun? Hinter ein paar Steinen schaffte ich es, mich zu erleichtern. Aber dann kam die Atemnot, das rasende Herzklopfen und kaum hatte ich mich geordnet, floh ich ins Fahrzeug.

„Oh, du bist ganz blass geworden!“ Florencio war aufmerksam genug, meine Schwäche zu bemerken, startete das Auto und zum Glück ging es jetzt wieder auf eine erträgliche Höhe hinunter.

Durchatmen. Das war noch mal gut gegangen. Wir mussten wieder ganz hinunter ins Tal, passierten eine Brücke, am Fluss lag das Dorf Pongo, dann ging es wieder hinauf, diesmal auf viertausendzweihundert Meter, und wieder gab es Ausblicke in die Tiefe, in die Abgründe. Weit unten in den Tälern schlängelte sich dann und wann ein Fluss. Weitere Dörfer lagen am Weg: Tapopaya, Bolivar. An vielen Hängen waren Aufforstungsbemühungen zu sehen, an einer Stelle beobachteten wir eine Gruppe von Menschen bei dieser Tätigkeit. Einmal machten wir ein Foto vor so einer Forstkulisse. Es zeigt mich als große, schwarz gekleidete Frau mit weißem Haar zwischen den Kleinwüchsigen stehend – ein unwirkliches Ensemble.

Aufforstung an einem nackten Hügel

Unterwegs warteten immer wieder Leute an der Straße, die auf der Ladefläche des Kleinlasters gern mitgenommen werden wollten. Aber Florencio winkte stets ab.

„Bei solch einer Aktion hat sich einer auf der Ladefläche am Kopf schwer verletzt. Er musste ins Krankenhaus. Es gab viel Ärger mit der Polizei. Das ist eine Erfahrung, die ich nicht wiederholen möchte.“

Wir kamen nach Sacaca. Die hübsche koloniale Kleinstadt hat einen quadratischen Platz, eine Kirche und gepflasterte Straßen. In der Nähe war offenbar eine Mine gewesen oder es gab sie noch. Jede koloniale Stadt weist auf das Auffinden und Ausbeuten von Gold und Silber durch die spanischen Eroberer hin. Meine Freude über die Infrastruktur wurde gebremst durch das Bewusstsein, dass diese durch die Ausbeutung der Einheimischen zustande gekommen war. Ja, hätten die Spanier und deren Nachfolger auch an die Entwicklung des Landes und der indigenen Menschen gedacht, müsste Bolivien heute nicht eines der ärmsten Länder Südamerikas sein. Und noch immer gab es gierige Menschen mit den Dollarzeichen in den Augen, die sich zwar mit Kirchen und Heiligen um ihr Seelenheil kümmerten, sich aber nicht für die Gesellschaft als Ganzes einsetzten. Sacaca ist der letzte Ort vor Vila Vila. Kurz vor dem Ziel winkten an der Straße ein paar Jungen. Es waren Jugendliche, die nach Vila Vila wollten, Florencio kannte sie und nahm sie mit.

Am Nachmittag kamen wir im Internat an. Der Wagen passierte ein breites verrostetes Tor, über dem in verwitterten Lettern der Name „Comunidad Educativa Agropecuaria Vila Vila“ prangte. Wir fuhren auf den abgezäunten, überschaubaren Campus. Ein paar Mitarbeiter liefen herbei, alle machten sich sofort irgendwie zu schaffen. Ich stand verloren herum, hatte das Gefühl, nicht dazuzugehören, ausgeschlossen zu sein, mein gedachter Anspruch, dass jemand mich herumführen, einweisen und vorstellen sollte, fand keinen Adressaten. Also machte ich mich trotzig allein an die Eroberung des Geländes. Rechts lag ein Haus mit dem Namen „Vivienda“ – das erinnerte an einen Käfig, war aber Lehrerunterkunft und Besprechungsraum – geradeaus

verrieten Gerüche den Küchentrakt, rechtwinklig dazu gab es einen Langbau, alles waren geweißte oder grün gestrichene
Lehmziegelbauten mit verwitterten braunen Flecken.

Niedrige Gebäude in Vila Vila

Im Hintergrund standen mehrere flache Gebäude, die meisten
mit Wellblech, einige mit Kunststoffplatten gedeckt. Überall im
Hof bzw. Garten lagen oder standen mit moralischen Appellen be-
schriebene Steine: Familie, Freundschaft, Vertrauen, Ehrlichkeit,
Einfachheit, Würde, Teilhabe und weitere der in der Verfassung
genannten Werte.[4] Es waren dieselben Worte und Sprüche, die in

---

[4] El Estado se sustenta en los valores de unidad, igualdad, inclusión, dign-
idad, libertad, solidaridad,reciprocidad, respeto, complementariedad,
armonía, transparencia, equilibrio, igualdad de oportunidades,equidad
social y de género en la participación, bienestar común, responsabilidad,
justicia social,distribución y redistribución de los productos y bienes so-
ciales, para vivir bien.

den buddhistischen Klöstern in Nepal die Menschen zu einem sozialen Miteinander ermutigten. Offenbar gab es eine Art von grundlegender zwischenmenschlicher Moral jenseits von Religion oder Familienmustern. Ich stand einige Minuten verloren in der dünnen klaren Luft, bevor sich endlich ein großgewachsener Mann meiner annahm und mich einigen Mitarbeitern vorstellte. Der Großgewachsene war Felix, der Leiter in Vila Vila, er entschuldigte sich bald mit anderer Arbeit. Die paar Minuten für den kleinen ersten Rundgang hatte mein Kreislauf noch mitgemacht, doch nun spürte ich verstärkt die Sauerstoffknappheit und musste mich hinlegen. Atemnot! Kopfschmerz! Die ganze Anlage würde ich ja nach und nach in den nächsten Tagen kennenlernen. Francisco, der Leiter der Organisation, der mich in Cochabamba abgeholt hatte, wies mir ein Bett in der Vivienda zu. Ich spürte, wie froh man war, mich erst einmal los zu sein.

Not und Gewöhnung in Vila Vila

Mein Bett war in einem kleinen Schlafsaal an der Tür, darüber hinaus gab es zwei weitere Stockbetten. Hier sollte ich „wohnen"? Es gab keinen Tisch, keinen Nachtschrank, nur einen einzigen Stuhl. Was hatte ich erwartet? Ich hatte an ein sauberes Bett in einem einfachen Zimmer gedacht, das Bad auf dem Flur. Einfach war das Zimmer auf jeden Fall ohne Inventar außer den Betten und dem Stuhl, aber sauber? Der Zementboden war voller Staub, tote Fliegen verzierten die Fensterbank, die Gardinen hingen traurig herab und ließen sich nicht zuziehen, beim Ausziehen wäre ich den Blicken von im Garten Vorbeikommenden ausgesetzt. Auf dem obersten Stockbett lagen acht Matratzen in zerfledderten Plastikbezügen, die Tür schrapte beim Auf- und Zumachen krächzend über den Boden. Klo, Waschbecken und Dusche befanden sich auf der gegenüberliegenden Seite eines Saales, von dem mehrere Türen abgingen, es wurde außer von mir von sechs männlichen Lehrern benutzt. Immerhin konnte man auf dem Klo sitzen und die Wasserspülung funktionierte, das Waschbecken war winzig, ein Duschkopf versprach Möglichkeiten, jedoch waren die entsprechenden Drehknöpfe nirgends zu sehen, erst nach Tagen entdeckte ich einen kleinen Hebel, der das Wasser strömen ließ; es war sogar lauwarm, wenn man ein Gerät zusätzlich bediente. Der Saal in der Mitte stellte sich als eine Art Lehrerzimmer und Empfangsraum heraus, in dem oft Gespräche stattfanden, Toilettengänge plante ich fortan rechtzeitig. Unsauberkeit und die Zeichen mangelnder Pflege erschwerten meine Eingewöhnung, mein Organismus stand auf Abwehr.

Und dann entdeckte ich das Malheur – Stuhlgang, wie man ihn unterwegs fürchtet: Kleine Luftbläschen hatten sich aus dem Darm gelöst, hatten ein bisschen Festes mitgebracht und das auch in die Unterhose abgegeben. Wie unangenehm. Der Darm entleerte weichen Stuhl, den ganzen Hintern beschmutzend, es gab nur eingeschränkte Waschmöglichkeiten, ich hätte gern geduscht. Ein weiteres Missgeschick: Ich hatte kein Handtuch mitgenommen. Naiv war ich von einer funktionierenden Infrastruktur auf einfachem Niveau ausgegangen. Hätte ich doch vorher etwas über die Ausstattung der Internate gewusst! Als Hilfe in der Not erwiesen sich die mitgebrachten Hygienetücher aus dem Flugzeug, mit ihnen putzte ich alles weg, die Unterhose wusch ich aus, sauber legte ich mich ins Bett, hoffend, dass keine weiteren Magen-Darm-Probleme folgten. Für dieses Mal wurde mein Wunsch erhört. Doch es war nicht das letzte Mal mit Magen-Darm-Schwierigkeiten gewesen.

Unter den schweren Lamadecken fand ich braun gemusterte, steife Laken, die muffig rochen. Ich schüttelte mich, nein, die würde ich nicht benutzen. Zum Glück – ach, was für ein Luxus! – hatte ich den Daunenschlafsack eingepackt, über den Sita gelästert hatte. Die sollte sehen, wie hilfreich dieses mitgeschleppte Stück jetzt war. Die Thermosflasche und der Tauchsieder dienten einem erweiterten Luxus. Eine Nacht in einer chilenischen Jugendherberge fiel mir ein. Es muss im chilenischen Winter gewesen sein, es war bitterkalt, es gab keine weiteren Gäste und die Fazilitäten waren ähnlich ungemütlich. Wie hier gab es nur ein weißes Deckenlicht, man musste aufstehen, um es zu löschen, lesen war bei solcher Beleuchtung unmöglich. Wenigstens hatte ich hier die Taschenlampe des Handys, mit dem ich David Copperfield folgen konnte, der abgerissen auf der Straße lebt, dem es gerade viel elender geht als mir – das tröstete mich, es gab Schlimmeres als das, was ich gerade durchmachte.

Viel später, nach einer ersten Runde Schlaf, kamen freundliche Helfer mit einer großen Kiste. Darin fand sich allerlei Nützliches: mehrere Flaschen Wasser, verschiedene Sorten Tee, Bonbons, Kekse, Klopapier und zum Glück auch ein kleines Handtuch. Was brauchte ich mehr! Dank Sita hatte ich ein kleines Kunstlicht, das wie eine richtige Kerze flackerte. Es machte dieses unwirtliche Zimmer zu einer nahezu heimeligen Behausung. Man brachte mir heißes Wasser und fragte nach weiteren Wünschen. Alle Unbill war zwar nicht vergessen, doch erträglicher geworden. Trotz aller Widrigkeiten empfand ich den Ort als eine Oase: Vila Vila war ein friedlicher Ort außerhalb der Zeit, fern der sinnverschlingenden, ausschließlich an Wachstum und Gewinnmaximierung ausgerichteten Systeme.

Ein letzter Blick vor dem Einschlafen galt den Matratzen auf dem oberen Bett. Würden sie nachts herunterfallen und mich darunter begraben? Nichts desgleichen geschah. Zwar waberte ich durch unruhige Träume mit unleserlichen Hieroglyphen und fallenden Gegenständen, schlief aber kuschelwarm im zitierten Schlafsack. Bei der Abreise hatte man mir mehrfach „passable Hotelbetten" gewünscht. Die waren sechs Autostunden entfernt, von „Hotel" konnte hier nicht die Rede sein. Die Kuhle in der Mitte des Bettes war gerade so tief, dass die mit heißem Wasser gefüllte Zweiliter-Plastikflasche und ich gut hineinpassten und wir uns gegenseitig ergänzten. Immer wieder war ich wach, trank von dem in der Thermosflasche heiß gehaltenen Mate-Tee, gegen Morgen weckten mich Gewitter und Regen. Ich freute mich darüber, weil

Francisco gestern den fehlenden Regen beklagt hatte. Im Nachbarzimmer waren Gäste angekommen und redeten leise miteinander, ich pflegte meine höhenbedingte Kurzatmigkeit und döste noch einmal in einen unruhigen Traum.

Neues Schuljahr

Das mit dem Waschen klappte nicht. Es gab keinen Stöpsel für das Waschbecken, wie man die Dusche bediente, fand ich an dem Tag noch nicht heraus, es blieb bei Katzenwäsche und Zähneputzen. Zur Frühstückszeit ging ich hinaus, schlenderte an der Küche vorbei, entdeckte Maria del Carmen, die ich am Vortag kurz kennengelernt hatte, bat um Tee und vielleicht ein Brot.

„Du hast die Kekse in der Kiste."

„Alle anderen werden doch auch frühstücken", wunderte ich mich, nahm es hin, ging ins Zimmer zurück, öffnete eine der Kekspackungen und knabberte ein paar salzige Cracker. Später brachte Carmen zwei Brote und etwas Käse. Davon probierte ich ein paar Happen, sie blieben mir vor dem Magen stecken, der fühlte sich solchem Angriff noch nicht gewachsen.

Einige Zeit später versammelten sich alle im Ess- und Versammlungsraum zur Inauguration des neuen Schuljahres. Es war ein großer, rechteckiger Raum mit langen Bänken an rustikalen, mit Wachstuch bespannten Holztischen. Das Wachstuch war wohl einmal neu gewesen, inzwischen sah es mit den abgeschabten Stellen und Löchern schäbig aus. Traurig hingen Gardinen teilweise abgerissen an blinden Fenstern, die Malereien an den Wänden waren verblasst. Erst die circa zweihundert jungen Menschen, die nun hereinströmten, ließen die Verwahrlosung verschwinden. So viel Jugend! So viel Aufbruch! Die jungen Leute gingen in die fünften und sechsten Klassen der Sekundarschule, sie kamen aus allen sieben Internaten, etwa achtzig Mädchen und über hundert Jungen zwischen fünfzehn und achtzehn Jahren. Viele der Jungen hatten schon den letzten Wachstumsschub hinter sich und hatten meine Größe, etwa einen Meter siebzig, die

Mädchen waren durchweg mindestens einen Kopf kleiner. Alle wirkten sehr jung. Einige Mädchen trugen Jeans und Pulli, aber die meisten kamen in traditionellen kurzen Plisseeröcken aus glänzenden bunten Stoffen über mehreren Unterröcken und trugen über den Pullovern ein gewebtes Tuch in leuchtenden Farben, das mit einer Schmucknadel vor der Brust zusammengehalten wurde. Zwei Mädchen zeigten darunter aufreizend ihren Busenansatz. Fast alle Mädchen hatten lange, dicke, schwarze Zöpfe. Bei den Jungen kamen nur zwei mit traditionellen gewebten und bunt bestickten Westen, die anderen trugen die hinlänglich langweilige Kombination aus Jeans und Kapuzenpulli, manche mit dem Logo eines Fußballvereins oder einer internationalen Marke. Gewiss waren das diese nachgeahmten Originale, der Name tat es, er bewirkte einen Eindruck von Teilhabe an der großen, fernen Welt. Einige mussten erinnert werden, die Kapuze im Saal abzunehmen.

Im Ess- und Versammlungsraum

Francisco verkündete die für die Eröffnung eines neuen Schuljahres notwendigen Präliminarien, eine Gesundheitsbeauftragte trug etwas zu Hygiene, Epidemien und zur Schwangerschaftsverhütung vor. Frühe Schwangerschaften, erläuterte sie, seien ein großes Problem in Bolivien. Sie sprach die jungen Leute auf ihre Ziele an: „Ihr wollt doch bestimmt eure Schulausbildung beenden und danach möglichst eine weitere Ausbildung machen." Sie traf den richtigen Ton, die Jugendlichen hörten interessiert zu. Ich musste mich vorstellen: „Guten Tag, ich bin Hanna. Ich komme aus Deutschland, das liegt in Europa. Ich bin schon mehrfach in Bolivien gewesen, in La Paz und in Sucre. Ich bin hier, um eine Fortbildung für die Lehrkräfte zu machen und euch Lernmethoden zu zeigen. Ich bin Lehrerin und habe viel mit Jugendlichen in eurem Alter gearbeitet. Ich möchte von euch etwas lernen und hoffe, ihr könnt auch von mir etwas lernen. Wir wollen unser Wissen und unsere Erfahrungen austauschen."

In den Augen der Kids las ich Unverständnis und Neugierde. Ich hoffte, für sie interessant zu sein, wir würden die ganze Woche Zeit für Gespräche haben. Diese Masse von Jugendlichen war verwirrend. Die einzelnen Gesichter würde ich nicht unterscheiden, mir die Namen nicht merken können. Wir musterten uns gegenseitig wie Tiere und Besucher im Zoo. Ich dachte an die Klage einer braunhäutigen, kraushaarigen Deutschen, die sich über ihr Auffallen in einer deutschen Kleinstadt gewundert oder sogar ein bisschen aufregt hatte. Hier in Bolivien fiel ich mit der weißen Haut, den weißen Haaren, mit meiner Größe, mit meinem Alter genauso auf, wurde angestarrt wie ein Elefant. Früher, bei meinen ersten Reisen nach Peru und Bolivien, hatten die Leute immer wieder gefragt, ob sie meine Haut einmal anfassen dürften. Sie konnten nicht glauben, dass so helle Haut „echt" war, Hellhäutigkeit galt als vornehm. Und die blassen Maden im europäischen Norden taten alles, um eine braune Haut zu bekommen, das hielten diese Menschen für gesund.

Weitere konventionelle Vorstellungen erfolgten, selbst nach der kleinsten Rede applaudierten alle höflich und herzlich. Ich erlebte diesen Applaus in einer verstörend schamvollen Weise. Auch später, wenn ich mich irgendwo vorstellte, erlebte ich diesen Applaus, der mir stets zu übertrieben schien. Und wenn ich die Teilnehmer bat, sich ebenfalls vorzustellen, standen diese auf, begannen mit dem Gruß zum Tage, verließen dann das Zeremonielle und murmelten verschämt und unsicher ihren Namen und ihren Herkunftsort vor sich auf die Tischplatte, in ihren Pullover oder in ihr Umschlagtuch. So traf ich immer wieder auf sinnlose Formeln, nutzlos eingeübte Floskeln, die inhaltlich hohl wirkten. Das war auch beim Gebet vor dem Essen so und beim Dank danach. Die Form wurde geübt, wie weit die Jugendlichen dieses Dankgebet zum Essen, den Dank danach inhaltlich nachvollziehen konnten, war unklar. Eine Mahlzeit gemeinsam anzufangen und zu beenden, hielt ich für wichtig und notwendig, fragte mich nur, ob das religiöse Moment inhaltlich unterfüttert war.

Nach der anstrengenden Einführungsveranstaltung verlangte mein Kreislauf nach Ruhe. Ich legte mich wieder ins Bett und war auch bald eingeschlafen. Mittags fragte Carmen nach Essenswünschen, aber noch verzichtete ich lieber. Tee und ein paar Kekse reichten für den ersten Tag völlig aus.

Am Nachmittag lernte ich Pascal Lutgan kennen, den Initiator und Gründer von K'anchay, von allen „Don Pascale" genannt. Er war ein stattlicher alter Mann mit einer Halbglatze, einem Bart und rollenden Augen hinter einer Brille, die er oft abnahm oder auf die Stirn schob. Er überragte nicht nur die Indios, sondern auch mich um etliche Zentimeter. Don Pascale war ein Herr mit großartigem, fast großspurigem Auftreten. Wir umrundeten uns mit Gesten, Worten und Blicken. Ich war die Ältere und ergo musste er mich respektieren, andererseits kam ich nicht als Repräsentantin einer Organisation mit Geld und so konnte er sich als Leiter wie ein Platzhirsch aufführen. Es waren die Spiele der Erwachsenen: Wer ist größer, wie kann oder muss ich dich behandeln? Ich nahm die Situation in ihrer Lächerlichkeit wahr, war es gewohnt, meine Rolle in wechselnden gesellschaftlichen Konstellationen zu behaupten. Zum Glück war Florencio dabei, mit ihm war der Dialog auf Augenhöhe unkompliziert.

Wir trafen uns im Haus Vivienda. Dort, in diesem Raum zwischen meinem Schlafzimmer und der Toilette, setzten wir uns zu dritt an den Tisch, auch der mit zerschlissenem Wachstuch bespannt. Stühle mussten herbeigeschafft werden. Irgendwo hatten sie nicht gereicht und man hatte von den vieren, die noch am Morgen hier gestanden hatten, drei weggeholt. Und dann begann Pascal Lutgan zu erzählen.

„Ich kam 1992 für ein Projekt nach Cochabamba, hatte schon mit anderen Nichtregierungsorganisationen gearbeitet und gesehen, dass viele Jugendliche in die Stadt migrierten und dort leicht in die Gewalt- und Drogenszene gerieten oder sich an der illegalen Ausbeutung der Minen beteiligten. Sie hatten mit ihrer unzulänglichen Bildung kaum eine Chance, ihr Geld auf anständige Weise zu verdienen. Ich fragte mich, ob man sie nicht dort auffangen und betreuen könnte, wo sie herkommen, also in den Dörfern. Ein spanischer Pfarrer unterhielt bereits ein Internat am Rande von Cochabamba. Mit ihm gründete ich die NGO K'anchay und 2002 das erste Internat außerhalb der Stadt in Qachari. Gemeinnützige NGOs aus Deutschland, der Schweiz und Belgien halfen beim Bau und der Einrichtung der Internate. Wir geben den jungen Leuten, die nicht auf dem Lande bleiben wollen oder können, eine Perspektive durch Bildung, speziell im Bereich der Agrikultur."

„Woher kommen die Schülerinnen und Schüler?"

„Wir sind in die Gemeindeversammlungen gegangen und haben unser Konzept vorgestellt. Das hatte sofort Erfolg, viele Eltern sind an Bildung für ihre Kinder interessiert, wohnen aber viel zu weit entfernt von den Schulen. Die Regierung hat viele neue Primarschulen eingerichtet, aber manche Kinder wohnen ein bis zwei Stunden zu Fuß davon entfernt, die Entfernungen zu einer

Sekundarschule sind noch weiter. Seit einiger Zeit gibt es also Internate. Bedingung für die Aufnahme im Internat ist, dass die Eltern zur Mitarbeit bereit sind. Einen Tag im Monat sollen entweder der Vater oder die Mutter in der Einrichtung mithelfen. Jugendlichen geben wir auch die Möglichkeit, bei uns ein Volontariat zu machen. Sie können dann sogar einen Abschluss erwerben, das Bachillerato, der sie zu professionellen Lehrkräften macht. In diesem Jahr sind wieder zehn neue Assistenzlehrkräfte dabei.“

„Mit welchem Alter kommen die Kinder oder Jugendlichen in die Internate?“

„Die Primarschule sollen die Kinder in den Dörfern besuchen. Aber ab der fünften Klasse der Primaria nehmen wir sie auch im Internat auf. Normalerweise haben wir sie ab dem Besuch der Sekundarschulen, also frühestens mit elf Jahren, die meisten sind zwischen zwölf und siebzehn. Sie wohnen im Internat und besuchen den Unterricht in den Primar- oder Sekundarschulen des jeweiligen Ortes. Sie kommen zum Teil aus Gemeinden, von wo sie drei, vier, manchmal fünf Stunden zu Fuß unterwegs sind. In Qachari gab es noch keine Sekundarschule, als K’anchay 2002 anfing, aber mit der neuen Verfassung hat die Schulbildung einen hohen Stellenwert bekommen und überall sind neue Schulen entstanden.“

„Wer bezahlt die Unterbringung und das Essen?“, wollte ich wissen.

„Die Gebäude und die Einrichtungen sind mit internationalen Hilfen entstanden, auch mit Hilfe der GIZ. Die Gemeinden müssen eine Abgabe für Essen und Unterbringung beisteuern, die Eltern zahlen einen geringen Betrag pro Monat, und einen Teil der Esswaren produzieren wir in den Internaten, zum Beispiel Kartoffeln, Mais, Bohnen und Eier. Unser System trägt sich inzwischen selbst. Wenn einer sagt: Mein Sohn, meine Tochter geht ins Internat, dann hören es die Nachbarn und schicken ihre Kinder auch. Wir sind nur leider begrenzt in der Kapazität und in den Mitteln.“

Der Staat und andere NGOs, erfuhr ich, unterhalten ebenfalls solche Internate, jedoch gelten die von K'anchay als besonders gut, weil streng auf die Trennung von Jungen und Mädchen geachtet wird. Das glaubte ich gern, es war mir nicht entgangen, mit welch hohem ethischen Anspruch die Einrichtungen geführt werden – einer Mischung aus Christentum und Humanismus. Beim Wort „Internat" hat jeder so seine Vorstellungen. Man denkt vielleicht an die Beschreibungen von Morden in den Krimis der Schriftstellerin Elizabeth George oder man hat selbst Erfahrungen in einem Nonnenkloster gemacht, so wie eine Freundin von mir, oder man hat eine fürchterliche Vorstellung von Zwang und unsinniger Moral wie in dem Roman „Der Plan von der Abschaffung des Dunkels" von Peter Høeg. Meine Mutter hatte manchmal, wenn sie sich meines aufmüpfigen Verhaltens nicht gewachsen fühlte, gedroht: „Ich bringe dich ins Internat." Das hatte bei mir eine dumpfe Vorstellung von Disziplin und Folter hinterlassen. Die Internate von K'anchay haben mit diesen Vorurteilen nichts zu tun. Sie waren mehr wie die Sommercamps bei Sprachreisen mit Struktur, Disziplin und Gemeinsamkeit. Es gab wenig Zwang, dazu waren sich die jungen Menschen zu sehr der Auszeichnung bewusst, durch diese Einrichtung die Sekundarschule besuchen und abschließen zu können. Der Abschluss war so etwas wie die Eintrittskarte in die Welt, in eine Welt außerhalb von Schafzucht und Kartoffelernte.

Ich beobachtete Don Pascale bei seinem Umgang mit den Jungen. Da war er souverän, herablassend jovial. Viele sprach er mit Namen an, strich ihnen über den Kopf, legte ihnen die Hand auf die Schulter – „Wie groß du geworden bist" – und fragte nach den Eltern. Die Mädchen kicherten in seiner Gegenwart scheu in ihre Tücher, ihre Namen kannte er nicht, anders als viele Jungen konnte er sie nicht direkt ansprechen. Ich stand daneben, hörte und bewunderte, wie Don Pascale immer wieder vom Spanischen ins Quechua wechselte.

Im Laufe der folgenden Wochen lernte ich die Struktur der Tage, der Woche, des Schuljahres kennen. Morgens um sechs Uhr standen die Jugendlichen auf, ab Viertel vor sieben bis kurz von acht, vor dem Frühstück, war die Stunde der *lectura*. In dieser Zeit beschäftigten sich alle selbsttätig mit Büchern oder Lesestoff für die Schule. Nach dem Frühstück, das aus Maismilch und einem Brötchen bestand, machten die Kids die Einrichtung sauber. Immer zwei waren eingeteilt für die Waschräume, für den Speiseraum, für die Schlafsäle und so weiter, die Aufgaben rotierten. Danach war Schule bis zwölf. Um halb eins gab es Mittagessen, meist Reis, Kartoffeln und Salat, bis fünfzehn Uhr war noch einmal Unterricht in der öffentlichen Schule. Am Nachmittag standen Arbeiten auf dem Feld oder Sport auf dem Programm. Nach einer kleinen Zwischenmahlzeit um halb fünf war erneut Zeit zum individuellen Lernen oder für Spiele, z. B. Schach, Mikado u. ä. Während meiner Zeit in den Internaten sah ich meist Selbststudien, das theoretische Programm für die Landwirtschaft und der Zusatzkurs Mathematik wurden erst später in den Wochenplan aufgenommen. Abendessen gab es um sieben Uhr dreißig, fast immer eine Gemüsesuppe. Danach konnten Arbeiten für die Schule erledigt werden, dabei halfen die Lehrkräfte und die Assistenten. An einem Abend in der Woche gab es ein buntes Programm, an einem anderen wurde die traditionelle Kultur mit Tänzen und Musik gepflegt.

Man brauchte – dachte ich – Bücher. Man sollte – dachte ich – die Kinder und Jugendlichen mit den wichtigsten Werken der Weltliteratur bekannt machen. Man sollte – dachte ich weiter – in ihnen die Liebe zum Lesen erwecken. Alles Lernen schien hier in bloßer Reproduktion und in einer obskuren Sehnsucht nach Fortkommen zu bestehen. Ich fühlte bei den Jugendlichen nicht die Liebe zur „Welt" wie bei der kleinen chinesischen Schneiderin, die den Balzac ihrer studentischen Verehrer nacherleben will und sich aufmacht, die Welt zu erobern. Diese Jugendlichen mussten doch den Kleinen Prinzen und David Copperfield kennen, mussten noch mit Sindbad über die Meere fahren und den Illusionen des Don Quijote nacheifern.

„Wo ist die Bibliothek?", fragte ich.

Man zeigte mir ein trauriges Verlies voller Staub und Spinnen. „Wer braucht Bücher, wenn er Kartoffeln und Mais und Zwiebeln hat?", lautete die unausgesprochene Frage im Blick. Und wieder regten sich in mir Wut und Überheblichkeit. Ich hatte in den Hungerjahren nach dem Krieg wenigstens lesen können! Ich hatte gefroren und hatte Hunger, ja, aber mit Pippi hatte ich die doofen Polizisten besiegt, war mit Tom Sawyer und Huckleberry Finn Tante Polly entwischt und hatte den Mississippi erkundet. Ach, was wäre meine Kindheit und Jugend ohne die Erzählungen, ohne die man keine Welt hat? Hier fand ich nur traurige Reste aussortierter Bücher, so vernachlässigt, dass man sie gar nicht in die Hand nehmen mochte. Zuerst die Liebe zum Buch, dann das Handwerk – und dann erst eine Fortbildung mit Didaktik und Methodik! Das, seufzte ich, wäre die richtige Reihenfolge.

Ich wollte wissen, ob es Bücher für den Unterricht gäbe. Ja, die gäbe es, aber sehr wenige. Matheunterricht und Spracherziehung ohne Bücher, ohne Lehrplan? Ich hoffte, ich würde Unterricht sehen und mir selbst ein Bild machen können, wie die Fächer unterrichtet werden. Die agroökonomischen Zentren, „Comunidades Educativas Agroecológicas" (CEAs), haben drei Unterrichtsschwerpunkte, die integriert vermittelt werden sollen: Sprache, landwirtschaftliche Produktion, Mathematik. Welche didaktischen und methodischen Hilfen könnte ich den Erziehern geben?

In Vila Vila waren wir in der Einführungswoche, die erforderte ein vom Normalen abweichendes Programm. In dieser Woche sollte ich Arbeitsmethoden vermitteln, ohne Unterricht gesehen zu haben. Wem vermitteln? Den Lehrkräften oder den Schülern? Ich stellte mir die Frage: Wie kann ich die Jugendlichen anregen, selbst die Gestaltung ihrer Karriere zu planen? Der Sekundarschulabschluss war ein erstes Ziel. Aber danach? Sie lernten landwirtschaftliche Grundlagen, aber das würde zum selbstständigen Leben in der Stadt nicht reichen. Auch in die fernsten Winkel sind die internationalen Marken, sind Smartphone, Sonnenkollektoren und fremde Materialien vorgedrungen, ohne dass die Menschen Zeit gehabt hätten, Schritt für Schritt in das vom Konsum bestimmte Zeitalter hineinzuwachsen. Gerade deshalb waren ja die Initiativen der kleinen Nicht-Regierungsorganisationen so wertvoll. Menschen wie Pascal Lutgan taten das Richtige, wenn sie die Jugendlichen bei der Bildung unterstützten. Ich war bereit, meinen Beitrag zu leisten.

Inzwischen hatte ich mich an die Höhe gewöhnt. Mit gutem Appetit aß ich dieselbe Quinoa-Suppe wie alle anderen. Danach traf ich Don Pascale allein im Aufenthaltsraum der Vivienda, er verspeiste Brot, Käse und Avocado. „Ich mag die Suppe nicht", gab er ungefragt Auskunft. Ich war nicht eifersüchtig auf sein Mahl, denn ich war satt, aber einen gierigen Blick auf die Avocado konnte ich nicht verhindern, eine Avocado hätte ich auch gern gegessen. Er hatte den Blick bemerkt und bot mir von seinen Resten ein Stückchen an, ich nahm es dankend.

Noch immer nicht vollständig höhenangepasst, kroch ich bald in den erneut mit einer Wärmflasche vorgewärmten Schlafsack. Mein Herz klopfte wild gegen seine Wände und wollte nicht ruhig werden. Ein weiteres Mitbringsel kam zum Einsatz, ein Film vom USB-Stick. Das Internet funktionierte in dieser Höhe nicht. So war ich froh über das Offline-Entertainment und öffnete den Film „Die Maske" mit Jim Carrey. Ich hatte ihn schon einmal gesehen, aber vieles vergessen, vor allem den mit viel Technik inszenierten Schabernack, wenn der Protagonist die Maske trägt, allerlei Unmögliches vollbringt und sich später an nichts erinnert. Das brachte vergnügliche Unterhaltung, danach schlief ich herrlich und warm, träumte etwas von Sita auf einer Balustrade und wachte erfrischt auf.

Alltag im Internat

Inzwischen akklimatisiert, nahm ich am Frühstück teil. Alle bekamen ihren Becher Milch mit gemahlenem Mais und ein Brötchen dazu – ein trockenes, leicht süßliches Gebäck aus Weizen. Für Don Pascale und mich gab es Kaffee und zum Brot ein Ei. Dieses Extra war eine Peinlichkeit vor den Augen aller anderen. ich nahm ein bisschen vom Ei und schob den Rest in die Mitte, da erfreuten sich weitere fünf oder sechs Personen am Tisch an den kleinen Häppchen. Innerlich schüttelte ich einmal mehr den Kopf: In Deutschland werden bei einem Frühstück leicht drei Eier serviert und hier sorgte eines für den kleinen Luxus von sieben Personen. Einen Ausweg sah ich nicht. Was sollte es nützen, wenn man in den sogenannten reichen Ländern seinen Konsum limitierte? Der Ausgleich müsste weltweit vorgenommen werden. Gerechtigkeit fing zwar im Kleinen an, aber in größeren Zusammenhängen konnte sie nur durch Bestimmungen, Gesetze und Verträge bewerkstelligt werden.

Nach dem Frühstück versammelten sich alle Schüler und Lehrer wieder im Speisesaal. Ich saß dabei und betrachtete diese jüngeren und älteren Menschen, meine Klientel für die nächsten vier Wochen. Junge Lehrerinnen und Lehrer, zweihundert schwarzhaarige, schwarzäugige Jugendliche, etwas größer, etwas kleiner, nur einige würde ich kennenlernen. Don Pascale stand auf. Mächtig wirkte er mit seiner imposanten Gestalt und der auf die Stirn geschobenen Brille. Mit erhobener Stimme verkündete er das Motto für dieses Schuljahr: „Damos la importancia a la verdad!" Er meinte nicht die „Wichtigkeit der Wahrheit", er meinte, die Schüler sollten sich dem „wirklich Wichtigen" widmen. Gegen die Wünsche nach Handy, Fernsehen, Klamotten, dem Wunsch nach dem Flirt und dem Verliebtsein stellte er die Werte Familie, Lernen, die Verantwortung für die Umwelt und das, was man „Achtsamkeit" nennt. Er modellierte seine Stimmlage, sprach mal laut, mal leise, ging im Saal hin und her, wandte sich der einen oder anderen Gruppe zu. Er verglich es mit einem Behälter, in den kleine und große Steine sollen. Fängt man mit den kleinen an, so haben kaum große Platz, tut man aber zuerst die großen hinein, so quetschen sich die kleinen später dazwischen und die ganz Kleinen füllen die Lücken.

Der Vortrag war nicht langweilig, dennoch bröckelte nach zehn Minuten die Aufmerksamkeit der Kids, begannen einige zu gähnen, andere leise zu tuscheln. Lehrervortrag, dachte ich, nie länger als zehn Minuten und dann Methodenwechsel. Don Pascale schien die nachlassende Spannung zu spüren und kam zu einem gelungenen Schluss: „Passen wir auf, dass wir das wahrhaft Wichtige im Auge behalten!" Der Applaus war herzlich und lang.

Am späteren Vormittag erläuterte ein Agronom den Lehrern das Programm für den landwirtschaftlichen Unterricht. In einer Grafik hatte er Theorie und Praxis des jahreszeitlichen Kreislaufs entsprechend dargestellt. Die in den CEAs für die Landwirtschaft Verantwortlichen kritisierten, stellten um, wiesen auf die mit einer Wochenstunde zu geringe Zeit für den theoretischen Unterricht hin, die Stunde verging in einer angenehmen Lernatmosphäre.

„Den landwirtschaftlichen Unterricht machen nur die männlichen Lehrkräfte?", wandte ich mich an Francisco.

„Nein. Auch Lehrerinnen geben diesen Unterricht."

„Die Frauen waren bei der Präsentation nicht dabei."

Offenbar war es niemandem aufgefallen, das war jetzt dem Leiter sichtlich unangenehm. Am folgenden Morgen setzte der Agronom seine Ausführungen fort, aber auch da fehlten die weiblichen Kräfte. Ich bekam nur eine Ahnung von den Aufgaben der Lehrkräfte und Betreuer, die Organisation durchschaute ich nicht, war verunsichert und noch immer ratlos.

Mittags reichte man Don Pascale und mir zusätzlich zur Hühnersuppe einen Teller mit Huhn, Pommes und Backbananen. Ich hatte nicht darum gebeten, fand es unangenehm und teilte die Extras wieder mit den anderen am Tisch.

Am Nachmittag traf ich die Erzieher und Lehrer für das erste Seminar. Leider waren die Assistenten nicht dabei, sie hatten einen anderen Unterricht. Gerade für sie wäre meine Fortbildung hilfreich gewesen, damit sie von Anfang an Unterricht und Betreuung der Jugendlichen mit einer anderen Haltung beginnen könnten, die Älteren klebten doch oft schon stark an ihren Routinen. Vierzehn Uhr war angesagt, ich begab mich in den vorgesehenen Raum. Er war vielleicht fünfundzwanzig Quadratmeter groß, war an zwei Seiten mit Computern ausgestattet, die verstaubt unter ihren Hauben schliefen. Ob sie funktionierten, schien fraglich. Die Anlage, so erlebte ich es später auch in den anderen CEAs, war noch nicht aus den Sommerferien erwacht. Anders als in Deutschland, wo die Ferien zum gründlichen Putzen ohne lästig dazwischen tobende Kinder genutzt werden, blieben hier die Arbeiten des letzten Jahres liegen, nahmen den Weihnachtsstaub auf, Zerfallendes zerfiel noch mehr. Vier große Tische nahmen die Mitte des Raumes ein, ungeordnet drängelten sich viel zu viele Stühle im Raum, die nach und nach herausgeholt wurden, und dann waren es für die Teilnehmer an meinem Workshop zu wenige, sodass Bänke aus dem Essraum herangeschafft werden mussten. Der einzige Leuchtkörper, eine nackt von der Decke hängende Sparlampe, verbreitete ein sanftdunkles Einschlaflicht, weit entfernt von einer Arbeitsbeleuchtung. Was sollte ich für einen Unterricht geben, wenn der Raum kalt und ungemütlich, die Ressourcen mager und die Bereitschaft zur Mitarbeit gering waren? Ich machte mich am verschmierten Whiteboard zu schaffen, während nach und nach jüngere und ältere, männliche und weibliche Lehrkräfte hereinkamen. Ich erwartete fünfzehn Lehrkräfte, *educadores*, aus den sieben Internaten, eine Liste gab es nicht. Eine Uhr gab es auch nicht. Die bereits Anwesenden packten erst einmal ihre Tüten mit Coca-Blättern auf den Tisch, unterhielten sich, lachten, warteten. Ich fasste mich in Geduld, fragte nach einiger Zeit, ob noch jemand käme, eifriges Nicken war die Antwort. Als meine Geduld zu Ende war, bat ich um Vorstellung:

„Können wir uns jetzt vorstellen? Mich kennt ihr schon, nennt ihr mir bitte euren Namen und das Internat, zu dem ihr gehört."

Die ersten drei hatten sich entsprechend präsentiert, da kamen weitere männliche und weibliche Teilnehmer. Wieder mussten Sitzgelegenheiten herbeigeschafft werden. Ich fühlte mich lebhaft an meine ersten Erfahrungen als Lehrerin in Schwarzenbek erinnert, als ich vierzig Schülerinnen und Schüler in einem Raum unterrichten musste, in dem nur für dreißig Platz war. Aber Improvisation war schon immer mein Lieblingsfach gewesen, so nahm ich es gelassen. Das Seminar sollte bis siebzehn Uhr gehen, da war Zeit genug für meine Vorhaben.

Irgendwann saßen die fünfzehn Angekündigten in ihren dicken Daunenjacken und mit Decken umwickelt beisammen, jede und jeder hatte einen Platz gefunden. Alle Internate waren mit zwei oder drei Lehrkräften vertreten, die Vorstellungsrunde war abgeschlossen und jetzt, ja, jetzt endlich konnte der Workshop beginnen.

Pause im Workshop: Coca-Blätter und Coca-Cola

Lectura war das Thema. Ich stellte den Zusammenhang zwischen Schreiben und Lesen her und animierte meine Schüler, eigene Geschichten zu erzählen, sie folgten zögernd. Aus den Reizwörtern „Großmutter", „Straße" und „Schule" mussten sie jetzt in Gruppenarbeit kleine Geschichten schreiben und dann vorlesen, die Zuhörer sollten die Geschichte weitererzählen oder einen anderen Schluss entwerfen. Eine der Geschichten endete mit dem Tod eines bei der Großmutter lebenden Mädchens, eine Gruppe ließ das Mädchen lebensgefährlich verletzt sein, in einer anderen machte man eine Entführung daraus und entwickelte einen Krimi. Alle hatten einen Eindruck bekommen, wie sie die Stunde der *lectura* am Morgen kreativ gestalten könnten. Ganz zufrieden war ich dennoch nicht. Da saßen sie und kauten ihre Coca-Blätter, der Maticobrocken, eine Kugel aus Pflanzenasche, auf Qechua llipt'a, beulte ihre Wangen, dunkel waren die Zähne. Das Coca-Kauen soll angeblich die Wachheit fördern, mir schien es eher die Gleichgültigkeit zu befördern. Und die ständig Kauenden bekamen Durst. In der Pause kam eine Riesenflasche Coca-Cola auf den Tisch, sie wurde schnell geleert.

Das war merkwürdig, denn ich hatte gelesen, dass Evo Morales den Konzern Coca-Cola 2012 aus Bolivien verbannt hatte. Offenbar eine Falschmeldung. Und noch etwas irritierte mich: Ohne an die Umwelt zu denken, wurden Plastikbecher benutzt, ein Zusammenhang zum Unterricht über Abfallvermeidung und Recycling wurde nicht hergestellt. Theorie und Praxis, seufzte ich innerlich und nahm mir vor, die Widersprüche zu thematisieren.

Im Dorf Vila Vila

Am Morgen des dritten Tages im Internat kam die aufmerksame Maria del Carmen zu mir. Maria del Carmen oder einfach nur Carmen hatte sich schon bisher rührend um mich bemüht. Sie war etwas kleiner als ich, ob beleibt oder dünn konnte man unter der dicken Daunenkleidung nicht feststellen, die Haare hatte sie unter einer weit in die Stirn gezogenen Wollmütze versteckt, die braunen Augen blickten zuversichtlich aus einem runden Gesicht – eine Mestizin, vermutlich mit spanischen und indigenen Wurzeln.

„Brauchst du etwas?"

„Nein, ich habe noch Ingwer und dazu habe ich mir im Kessel auf dem Gasherd Wasser heiß gemacht."

Abwartend blieb sie stehen.

„Hast du Zeit? Hast du Lust, mich auf einem kleinen Spaziergang durch den Ort Vila Vila zu begleiten?"

Gasse in Vila Vila

Wir gingen durch das nicht verschlossene, rostige Tor auf den Platz, auf dem der flache Bewuchs zeigte, dass hier Tiere alles abfraßen. Einen Esel, ein paar Kühe hatte ich schon gesehen, gerade passierte eine Frau mit vier Schafen die freie Fläche. Plastikmüll und verrostete Dosen ersetzten die Blumen. Ein Bus nach Oruro stand bereit, Oruro lag näher als Cochabamba, es war in dreieinhalb Stunden zu erreichen. Die Hauptstraße des Ortes war mit Steinen befestigt, in den unbefestigten Seitengassen watete man durch Kot und Lehm, viele Tiere liefen frei herum.

Das alles erinnerte mich an die Dörfer meiner Jugend, als noch kein Unser-Dorf-soll-schöner-werden-Wettbewerb stattgefunden und keine Dauerberieselung durchs Fernsehen die Dörfer einsam und geleckt hatte werden lassen. Eine Erinnerung an einen Vorort von Managua schob sich in mein Bewusstsein. Damals hatten die

Schweine im Dreck gewühlt, ein Esel hatte im Matsch gestanden, eine Freundin und ich waren mit einem Karren durch die tiefen Fahrspuren zu einer Bekannten in das Dorf Los Ortíz gefahren. Aber das war lange her, Maria del Carmen und ich waren in Vila Vila im einundzwanzigsten Jahrhundert und nicht im Mittelalter, wie das Ambiente vermuten ließ. In einem Hof saß eine alte Frau mit einer Handspindel, in einem anderen entdeckten wir eine jüngere Frau mit einem Webstuhl. Sie webte ein Tuch in den traditionellen kräftigen Farben, wie so oft war ein helles Grün dabei, das nach einer Chemiefarbe aussah. Die Weberin erzählte, dass sie alle Fäden selbst mit Naturfarben färbe, nannte Purpursalbei, mit der sie das giftige Grün erzeugte. Sie hockte vor der Arbeit auf dem Boden und es war deutlich, dass sie ihr Handwerk verstand. Kunstvoll waren die bunten Fäden gespannt, eifrig schob sie das Schiffchen hinüber und herüber. Sie webte ein Blumenmuster ein, zu dem sie eine Vorlage links neben sich liegen hatte. So ein viereckiges Tuch, eine *manta* tragen die Mädchen und Frauen um die Schultern, halten sie vor dem Busen mit einer Schmucknadel zusammen, Touristen kaufen es meist als Wandbehang oder als Tischdecke.

„Erlauben Sie, dass ich Sie fotografiere?"

Sie lächelte bejahend, wir traten in den Hof. Sie zeigte uns das Muster, wir machten Fotos, ich gab ihr ein kleines Trinkgeld, die junge Frau strahlte. Immer wieder erlebte ich dieses Strahlen in den Augen der einfachen Menschen für eine Kleinigkeit - eine Freude, die in der Leistungsgesellschaft fast verloren scheint.

„Wie lange arbeiten Sie an diesem Tuch?"

„Etwa einen Monat."

„Und für wie viel Geld können Sie es verkaufen?"

„Ich verkaufe es in Cochabamba für ungefähr dreihundertfünfzig, vielleicht vierhundert Bolivianos."

Die Weberin und Maria del Carmen

Das sind circa fünfzig Euro, nicht billig, ein gerechter Preis. Wehmütig dachte ich daran, wie oft in den Industrieländern diese schöne traditionelle Arbeit geringgeschätzt wird, vor allem, seitdem in China und den Tigerstaaten alles maschinell und billig nachgeahmt wird. Aber ich dachte auch an die fernen Vorfahren, an die Menschen der Bronzezeit. Wann war diese Gegend besiedelt worden? Was hatte die Menschen bewogen, hier zu bleiben, hier, in diesen klimatisch nicht sehr freundlichen Höhen sesshaft zu werden? Und wie viele Jahrhunderte waren vergangen, ehe sie Elektrizität bekamen? Würde diese Kultur verschwinden wie andere auch? Überrollt von technischem Fortschritt? Verschwinden, wie viele Bergdörfer in Österreich und der Schweiz? Würden die Leute hier weiter diskriminiert und dezimiert wie die Ureinwohner in den Vereinigten Staaten? Alle indigenen Gruppen haben ein Recht auf Ausübung und Erhalt ihrer Sprache und Kultur. Gut, dachte ich, aber sie wollen teilhaben am internationalen Geschehen. Wieweit können den indigenen Splittergruppen Rechte gewährt werden, die über die Pflege der Traditionen hinausgehen? Der Staat Bolivien verstand sich als „plurinational" und erkannte die vielschichtige Bevölkerung an. Aber würde der Erwerb im bäuerlichen Kleinbetrieb die Menschen auf dem Lande halten? Andere Erwerbszweige, zum Beispiel der Tourismus, könnten die Rolle der mühsamen Landwirtschaft übernehmen. Es fiel schwer, sich die Auflösung dieses Dorfes vorzustellen, dennoch würde es wohl passieren, die Jugend drängte in die Stadt. Später las ich einen Zeitungsartikel über die verschwindenden Dörfer im Norden von Potosí, die Auflösung hatte schon begonnen.

„Wie alt bist du?" Ich wollte gern etwas mehr über die Wünsche und Lebensvorstellungen von Maria del Carmen wissen.

„Ich werde im August vierzig."

„Fühlst du dich wohl in deinem Leben?"

„Nicht ganz. Ich wäre gern verheiratet und hätte ein Kind. Aber ich bin nicht unzufrieden."

Carmen erzählte von ihrem Leben. Sie war Erzieherin in San Marco. Einmal im Monat kehrte sie nach Cochabamba zurück, dort hatte sie ein kleines Appartement für sich. Dort hatte sie ein paar Freundinnen, mit denen sie sich traf und ausging, über Partner und Kinder sprach.

„Aber wie soll ich in San Marco jemanden kennenlernen? Und jetzt ist es ist auch zu spät für ein Kind", resignierte sie. Es waren die Wünsche einer Frau, nicht anders als irgendwo auf der Welt. Selbstständigkeit ja, aber auch Partnerschaft und Kinder.

Wir kehrten ins Zentrum zurück. Jetzt schon, nach so kurzer Eingewöhnung, betrachtete ich alles freundlich-billigend – die Frau mit dem Baby, offenbar eine der Helferinnen, die blühenden Pflanzen, die farbenprächtigen Vögel, die leider nicht für ein Foto sitzenblieben. Selbst die Lerche, die ans Fenster kam, floh, sobald ich den Blick auf sie richtete. Licht und hell erschien mir jetzt das

Geschehen; am Schluss des morgendlichen Rundgangs traf ich Florencio und palaverte mit ihm über Kräuter und Gewächse im Hochland. Zum Mittag gab es Huhn mit Pilzen und Zwiebeln, sie nannten es *picante de pollo*, es schmeckte lecker, und zum Glück bekamen diesmal alle das Gleiche.

Bei meinem heutigen Seminar sollte es um den landwirtschaftlichen Unterricht gehen. Am Vormittag hatte der Agronom wieder Theorie und Praxis erläutert. Ich kannte jetzt den Wochenplan und wusste, dass für die theoretische Arbeit nur eine Wochenstunde zur Verfügung stand, aber wie viel Zeit davon für welche Gruppe verblieb, ob alle vierzig und mehr Schülerinnen und Schüler an dieser einen Stunde teilnehmen mussten, war nicht klar. Welche Methoden konnte ich zeigen, die sich nicht durch die Praxis ergaben? Zum Glück hatte ich heute den Projektor und konnte aus dem Fundus Bilder von unterschiedlichen Unterrichtsformen an einer deutschen Schule zeigen. Vor allem die Selbsttätigkeit der Schüler beim Fachunterricht im Klassenzimmer beeindruckte die Teilnehmer. Beim Ansehen der abgebildeten Szenen sollten sie notieren, welche Aktivitäten die Lehrkraft vornahm und welche Tätigkeiten die Schülerinnen und Schüler während der Unterrichtszeit durchführten. „Während die Lernenden zu zweit oder dritt mit Experimenten beschäftigt sind, kann die Lehrkraft einzelnen helfen. Die Lehrkraft tritt als Initiator von Lernprozessen auf, das Schlagwort dafür heißt classroom management", erklärte ich das Prinzip. Die Zeit verging mit Diskussionen und Nachfragen sehr schnell, zu einem Projektentwurf oder einer Planungsskizze war keine Gelegenheit mehr, das wurde auf den nächsten Tag verschoben.

Scheitern

Die nächste Tagesetappe konfrontierte mich mit der herben Wirklichkeit des normalen Unterrichts. „Lernmethoden in der fünften Klasse der Sekundarschule" stand auf dem Programm. Ich suchte den Klassenraum, fand ein größeres Zimmer und stand vor einem

Chaos: zerbrochene Möbel, ein verdreckter Fußboden, Schränke ohne Türen, eine winzige, verschmierte Wandtafel. Am liebsten wäre ich schreiend weggelaufen: „Hier muss erst einmal saubergemacht werden. Ich kann doch nicht im Stall unterrichten!" Ich räumte Papierfetzen zusammen, stellte umgekippte Stühle auf, rückte Tische zurecht und mit einiger Verspätung kamen auch Schüler beziehungsweise wurden sie herangetrieben, wobei unklar war, wo sie gewesen waren, denn auf dem Hof war ich ihnen nicht begegnet. Der Saal füllte sich. Es kamen zwanzig, fünfundzwanzig und ich dachte, na ja, das wird gehen. Es blieb nicht dabei – noch einer und noch eine, immer mehr glitten, schritten, schlenderten heran. Zwei Drittel waren Knaben in moderner Kleidung, alle mit angepasst kurzgeschorenen Haaren. Die Mädchen hatten schwarze Zöpfe, manch eines trug, das wirkte fast revolutionär, einen Pferdeschwanz. Siebenundvierzig glutäugige Kids saßen schließlich im Raum. Irgendwie ruckelten sie sich zurecht, wie Steine im Glas.

Ich blieb vor der Tafel stehen. Wartete. Wartete länger. Dann verstummte die Meute und plötzlich konnte man die berühmte Stecknadel fallen hören. Da saßen sie in Reihen und an der Seite und hintereinander, starrten mich an, erwarteten etwas, die Spannung war spürbar, eigentlich wären sie am liebsten draußen; wenn ich jetzt mit einem mitreißenden Song zur Gitarre aufwarten könnte, würden sie begeistert als Masse mitgrölen, plötzlich zur Masse geworden, nicht mehr jeder einzelne mit seinen individuellen Befindlichkeiten, die sich doch glichen. Ich gab noch zwei Sekunden für die Spannung hinzu. „Buenas tardes. Soy Hanna de Alemania." Ein vielstimmiges „Buenas tardes" antwortete. Auf eine Vorstellung der Kids verzichtete ich. Wie sollte ich mir die Namen merken? Und bei dieser Enge wusste ich gar nicht, wo ich anfangen sollte. Gespannt saßen sie da, während ich meinen Plan revidierte. Was tun mit sooo vielen? Ich schrieb an die Tafel:

A. Was weißt du über Deutschland?
B. Welche Fragen hast du zu Deutschland?

C. Antworten

D. Was habe ich gelernt?

Gruppenarbeit. Getuschel. Stille. Nichts geschah. Es wurde nicht gesprochen, nicht geschrieben. Auf Nachfragen stellte sich heraus, dass keine und keiner der siebenundvierzig auch nur irgendetwas von meiner Heimat wusste – weder wo Deutschland lag, noch welches die Hauptstadt war. So stand es also mit der wichtigen Wirtschaftsmacht Deutschland! Schülerinnen und Schüler der fünften und sechsten Sekundarklassen in Bolivien hatten kaum Ahnung von Europa, noch weniger Ahnung von den einzelnen Ländern. Hier in den bolivianischen Bergen war Deutschland nicht das Sehnsuchtsland wie in vielen Ländern Afrikas. Die Vision war die nächste Stadt, danach erst kamen die möglichen Länder Südamerikas, allen voran Chile und Argentinien, die wurden als weit entwickelt eingestuft. Für mich bedeutete diese Ahnungslosigkeit, dass ich gleich auf Gruppenarbeit zu Frage B umstellen musste: „Welche Fragen habt ihr?" Die Gruppen trugen ihre Fragen vor, ich merkte sie mir, soweit ich sie verstanden hatte, zeichnete die Umrisse von Deutschland an die Tafel und fügte Stichworte hinzu. Die Kids schrieben das eifrig ab. Ich kam mir vor wie im konventionellen Frontalunterricht. Als dann wiederholt werden sollte, welche Informationen zu Deutschland sie bekommen hatten, genierten sich die meisten, kicherten vor sich hin, blickten auf das Aufgeschriebene. Nur ein paar Mädchen wiederholten die Antworten mithilfe der Tafelstichworte, zur Festigung des Gelernten mochte sich niemand äußern.

Uff, die erste Stunde war um. Ich wiederholte die Lerntechnik: Fragen – Antworten holen – neues Wissen sichern.

„Eine zweite Technik ist das Memorieren. Dazu nehmen wir die englischen Zahlen. One, two, three …", weiter kam ich nicht, denn alle waren eingefallen und skandierten laut bis zwölf.

„Gut, dann lernt ihr jetzt, euch vorzustellen. Der Satz Mi nombre es… lautet auf Englisch My name is…. Wiederholt: My name is… – My name is Hanna, what's your name?" Das wiederholte ich mit ihnen gemeinsam mehrfach und zeigte dann auf einzelne Personen. Jetzt fing erneut das Gekicher an, weil der Erste gleich sagte: „My name is Hanna." Um es kurz zu machen: Sie genierten sich, ihren Namen zu sagen, oder sie konnten das Sätzchen schon nicht mehr zusammenbringen. Ihre Versuche waren hilflos und das Lachen wurde immer heftiger. Auf jeden Fall hatten die Kids ihren Spaß, während ich langsam verzweifelte.

Ich sammelte mich. Konzentration! verordnete ich mir. Ich wartete. Wieder ein Moment völliger Ruhe. Ja, das schafft man auch in der fremden Sprache. „Ihr habt zwei Lernmethoden kennengelernt. Wenn Don Pascale euch heute Abend fragt, was ihr gelernt habt, was könnt ihr über Deutschland sagen?" Schweigen. Direkt gefragt, antwortete ein Mädchen: „Die Hauptstadt von Deutschland ist Berlin", ein anderes: „Angela Merkel ist Kanzler." Weiter kamen sie nicht mit den Wiederholungen. Waren sie diese Art des Abfragens nicht gewohnt? Vielleicht, dachte ich, ist auch mein Spanisch wenig verständlich. Ich gab auf.

„Leider bin ich ein bisschen erkältet und deshalb sehr müde. Es ist auch schwer für mich, mit so vielen Schülerinnen und Schülern zu arbeiten. Es ist schon lange her, dass ich einmal so viele zu unterrichten hatte. Ich mache hier Schluss und wünsche euch alles Gute für eure Studien."

Betretenes Schweigen war die Antwort und dann erklang ein faseriger Applaus. Einige gingen, ein paar tobten in der Klasse herum, jemand suchte ein Papier, das vorher unter die Abfallblätter geraten war, ich erinnerte mich und suchte es mit. Dann scharten einige Jungen sich um mich und wollten jetzt sehr viel über Deutschland, über die Arbeit in Fabriken, über das Essen in Deutschland, das Klima und über mich persönlich wissen. In einer kleinen Gruppe ergab sich mit Fragen und Antworten eine fruchtbare Lernsituation. Zum Abschluss kamen ein paar Jungen und Mädchen zögernd für ein Foto zusammen.

Am Abend fragte Florencio: „Wie war es im Unterricht?"

„Ich bin gescheitert", gab ich zu, „die erste Stunde ging noch, aber dann wurde es wild."

„Ich habe gestern dieselbe Erfahrung gemacht. Zuerst ging es ganz gut. Dann war keine Konzentration mehr zu erreichen."

Pascal mischte sich ein: „Bei mir war es genauso. In der letzten Stunde konnte ich keinen Unterricht mehr machen."

Ich war halbwegs getröstet, fragte mich aber dennoch, warum ich mit all meiner Erfahrung diese Jugendlichen nicht in den Griff bekommen hatte. Na gut, tröstete ich mich, bei so wenig Platz kann ich nicht auf Gruppenspiele ausweichen. Aber etwas hätte mir doch einfallen müssen, das auch die zweite Stunde zu einer Lernstunde gemacht hätte. Unzufrieden mit mir und der Situation fühlte ich mich in der Erwartung des Scheiterns bestätigt. Die Lernmethoden aus den Industrienationen ließen sich nicht ohne Weiteres auf die Bedingungen in Bolivien anwenden, wo hauptsächlich ein autoritärer Frontalunterricht praktiziert wurde.

Am Abend regnete es. Heftig peitschte der Regen lange Tropfenschlangen in alle Winkel, überschwemmte den Boden, bildete Rinnsale. Normalerweise stellten sich die Kids hintereinander vor der Tür zum Saal auf, betraten einzeln den Raum, griffen an der Durchreiche vor der Küche eine Schale Suppe und ihren Löffel und gingen dann an ihren Platz. Aber in diesem Regen wollte niemand draußen warten. Die Suppe war lange fertig, aber niemand traute sich aus den Häusern. Ein paar Jungen und Mädchen füllten alle Schüsseln, stellten sie auf den Tisch vor der Durchreiche und dann ging es auch ganz schnell, obwohl eben doch einer nach dem anderen von draußen hereinkommen musste. „Kann man nicht das nächste Mal bei solchem Wetter alle in den Speisesaal und dann tischweise das Essen holen lassen?", schlug ich vor. Florencio fand es eine gute Idee, bezweifelte aber die Umsetzbarkeit; der Ablauf war eingespielt, die Bereitschaft zu Veränderungen nicht ausgeprägt. Die Quinoasuppe schmeckte prima und wärmte auch. Machen konnte man danach nichts mehr, für mich hieß das, mich in meinen Schlafsack zu verkriechen und zu lesen, solange es ging.

Nachts wachte ich mehrfach auf. Der am Morgen angefangene Schnupfen war heftiger geworden, zweimal machte ich mir heißen Tee. Gegen Morgen begannen heftige Rückenschmerzen, die Bettkuhle traktierte die Wirbelsäule, die Bandscheibe drückte auf den Nerv, die Schmerzen waren furchtbar. Ich versuchte es mit Übungen zur Lockerung der Wirbel, trat von einem Bein aufs andere, machte Katzenbuckel und drückte die Wirbelsäule durch. Nach einer halben Stunde war mir sogar im kalten Zimmer warm und ich wagte es, mich noch einmal hinzulegen. Ich fiel in einen Wachschlaf, hatte das Gefühl, gar nicht zu schlafen, Bilder kamen und verwehten, um fünf Uhr kroch das Licht ins Zimmer. Weiterschlafen!, dachte ich. Um sieben stellte ich mich dem Tag.

Der letzte Tag in diesem endlosen Januar mit seinen verschiedenen Zumutungen war angebrochen. Guten Mutes begab ich mich in die Küchenregion. Drei Frauen saßen da auf kleinen Schemeln und präparierten den Mais für das Mittagessen: *choclo con*

Drei Frauen vor der Küche

queso, Maiskolben mit Käse. Rund und gemütlich saßen sie da in ihren vielen Röcken und weiten Kittelschürzen.

„Woher kommst du?", wagte eine der beiden mich anzusprechen. Und auf meine Antwort wollte sie wissen, wie weit weg das sei und ob man über das Meer müsse. Ach, das Meer. Das ist weit weg, hier in den andinen Bergen, wo selbst die nächste Stadt oft unerreichbar ist. Und wie so oft kam die Frage nach meinem Alter.

„Ich bin achtundsiebzig."

„Nein, das denkt man nicht. Wie kann das sein? Das ist unmöglich."

„Bist du verheiratet? Hast du Kinder?"

Bereitwillig erzählte ich von meinem Leben, von meinen Kindern, meinem Mann und der Scheidung, von den Enkelkindern. Sie nickten, erkannten sich in den Geschichten wieder. Frauenschicksale! Die sind auch weltweit ähnlich.

„Bist du das erste Mal in Bolivien?"

„Nein. Ich war schon in La Paz, in El Alto und schon mehrmals in Sucre und außerdem war ich schon oft in Peru."

„Hast du dort Freundinnen?"

„Ja, ich habe in vielen Ländern und Städten Freundinnen."

Die Fragende hieß Ana, war neunundvierzig, hatte zwei Töchter, eine achtundzwanzig, eine neunzehn. Schon früher war mir aufgefallen, dass oft sehr viele Jahre zwischen dem ersten und zweiten oder einem weiteren Kind liegen. Vielleicht mag schwere Arbeit oder ein Verlust der körperlichen Anziehung die Lücke begründen. Bei einer Feier kommt dann ein unvorhergesehener Moment der Leidenschaft zurück. Auf meine Nachfrage zuckte Ana mit den Schultern.

„Es ist, wie es ist." Eine weitere junge Frau kam zur Hilfe, sie hatte noch keine Kinder, lächelte verschämt. Überhaupt schien bei den Mädchen und jungen Frauen Scham eine vorherrschende Befindlichkeit zu sein.

„Darf ich ein Foto machen?"

„Nun habe ich auch in Vila Vila Freundinnen."

„Und was schenkst du uns, wenn wir jetzt Freundinnen sind?", fragte Ana ein bisschen forsch.

„Moment, ich hole etwas."

Ich eilte in mein Zimmer, holte eine Tüte Bonbons und für jede eine Handcreme, die ich aus Deutschland mitgebracht hatte. Die Geschenke lösten große Freude aus. Die Frauen erkannten die Kamillenblüten, trotzdem musste ich die Aufschrift auf der Tube ganz genau erklären, bevor sie die Beute in den Taschen ihrer weiten Kittel verschwinden ließen.

Beim Frühstück probierte ich das Milch-Mais-Getränk mit ein wenig Zimt, das alle hier morgens tranken. Es schmeckte nicht schlecht, aber Kaffee war mir lieber. Nach dem Frühstück war eine gute Zeit, um Briefe zu schreiben oder zu lesen. Nach wie vor vermisste ich schmerzlich einen Internetzugang, um unbekannte Worte und Infos zu recherchieren.

Die Ruhe wurde unterbrochen: „Hier ist eine Besucherin, die auch in diesem Zimmer schlafen wird." Felix, der Leiter in Vila Vila, stellte Shirley vor, die Buchhalterin der Organisation. Mein unmutiges Stirnrunzeln nahm niemand zur Kenntnis, diese Einquartierung war eine weitere Zumutung, ich fletschte innerlich die Zähne, verkniff mir den Aufschrei, sah ein, dass es nicht anders ging – wo sollte die Frau sonst schlafen? Ich räumte das Bett, auf dem die didaktischen Materialien großzügig drapiert lagen und packte alles ein. Am nächsten Tag würde ich ohnehin in ein anderes Zentrum fahren. Um die Unbill zu komplettieren, gab es zum Mittag ein Zwiebelgericht mit Chuño, einer gefriergetrockneten Kartoffel, die wie ein Pilz aussieht und bittersüß schmeckt. Ich hatte sie früher probiert und mochte sie nicht.

Für Pascal und mich gab es Reis mit Ei, dieses Mal nahm ich die bevorzugte Behandlung gern an und teilte auch wieder großzügig. Ich arrangierte mich mit der Bettnachbarin, hielt Siesta und fühlte mich danach wunderbar erfrischt.

Bauernmahlzeit mit Chuño

Der Nachmittagskurs für die Lehrkräfte begann mit einer Überraschung. In Vila Vila standen die Häuser für den Unterricht, die Ess- und die Schlafräume weit auseinander. Dazwischen lagen landwirtschaftlich genutzte Flächen und Anpflanzungen. Die Wege waren unbefestigt. Der Regen hatte große Pfützen und kleine Bäche geschaffen, die Wege nahezu unpassierbar gemacht. Jeder versuchte, unter dem Dach zu bleiben, unter dem er sich gerade aufhielt. Mein Workshop sollte um zwei Uhr beginnen. Ich hüpfte über kleinere Wasserlachen, umging die größeren, schlitterte an matschigen Stellen vorbei und kam so in den für den Unterricht vorgesehenen Raum. Ich öffnete die halb geöffnete Tür ganz und fand mich allein, ohne einen Schüler oder eine Schülerin. Nein, ich war nicht ganz allein. Ein braunes Huhn stolzierte herum und sah mich mit frechem Auge an. Auf die Frage „Was können wir zusammen machen?" gackerte es einmal, hinterließ auf dem

Boden eine kleine Marke und schritt mit erhobenem Kopf nickend hinaus in den Regen.

Eine Weile blieb ich mir selbst überlassen und beschäftigte mich wieder einmal mit dem scheiternden Versuch, das Whiteboard richtig sauber zu bekommen. Nicht lange danach tröpfelten einige der Lehrkräfte herein und waren bereit, an den Visionen für die Verbesserung ihrer jeweiligen Comunidad zu arbeiten. Die Aufgabe lautete: „Erstellt einen Plan, wie und wo ihr eure CEA in diesem Schuljahr verändern und verbessern wollt." Große Papierbögen und Buntstifte lagen bereit, lösten Erstaunen aus.

„Wirst du die wieder einsammeln?"

„Nein, für jedes Zentrum habe ich ein Paket mitgebracht, das bleibt bei euch."

Das Zentrum Colloma fehlte, alle anderen machten sich zu zweit oder zu dritt an die Arbeit, diskutierten Möglichkeiten, planten Veränderungen und entwickelten Visionen. Sie stellten die gezeichneten Ergebnisse vor. Mit einigem Enthusiasmus hatte die Gruppe Vila Vila ihre Möglichkeiten diskutiert und Entwürfe für die Neugestaltung der Lernräume gemacht. Auch die Gruppe aus San Marco hatte umsetzbare Ideen für verbesserte Lernorte entwickelt.

Ich gab weitere Anregungen für die abwechslungsreiche Gestaltung von Unterricht und erklärte nach circa zwei Stunden intensiven Arbeitens den Kurs für beendet. Ich verteilte Mitbringsel, für jeden entweder Creme oder Duschgel, alle griffen gierig nach den Geschenken und verabschiedeten mich mit freundlichem Schlussapplaus. Das war immerhin ganz zufriedenstellend gelaufen, befand ich, jedenfalls besser als der Unterricht gestern. Zur Pause gab es einen dünnen, in heißem Fett gebackenen Fladen, einen *buñuel*, der erinnerte mich an die Samstagnachmittage bei meiner Großmutter, die hatte oft Schmalzgebackenes bereitet, wenn alles geputzt war.

Als der Regen aufgehört hatte, stellten sich alle meine Seminarteilnehmer im Hof zum Gruppenbild auf – nur das Huhn blieb unter den Büschen verschwunden. Wir plauderten entspannt miteinander, standen beisammen, waren uns vertraut geworden.

Abschiedsfoto ohne Huhn

Später kam die neue Ana-Freundin und brachte wieder eine Wärmflasche. „Geh ins Bett. Du wirst sonst die Grippe bekommen", schalt sie liebevoll. Ja, da hatte sie wohl recht, den Rat befolgte ich sofort, konnte aber nicht schlafen, da im Saal vor meiner Tür Francisco und zwei andere Mitarbeiter redeten, diskutierten und lachten.

Ein Versuch, mit dem Handy ins Internet zu kommen, misslang wie zuvor. Ich war hinter den Bergen bei den sieben Zwergen, alle Lieben daheim mussten warten, meine tiefe Verbundenheit trotz großer Entfernung spüren. Einige Zeit später kam die neue Zimmergenossin, Shirley, herein. Als Verstärkung hatte sie Florencio dabei.

„Komm zum Abschlussabend. Alle Gruppen führen etwas vor.“ Mit einem Packen Taschentücher versehen, folgte ich der Einladung. Aus dem Saal waren die Tische hinausbefördert, die Bänke an die hintere Wand gestellt worden und die Bühne war frei für die Tänzerinnen und Musiker. Jede der sieben CEAs trat mit der eigenen Musikgruppe und verschiedenen Tänzen auf. Alle, fast alle, hatten die traditionellen Kostüme an: Die Mädchen traten in den kurzen Plisseeröcken auf, die hinten mit langen Bändern gebunden werden. Das Oberteil bestand aus einem eng anliegenden, den Busenansatz mehr oder weniger freigebenden Mieder, darüber immer die traditionelle Manta, oft von den Mädchen selbst gewebt, vorn mit einer Schmucknadel zusammengehalten. Die Jungen trugen zu Jeans und Turnschuhen eine gestickte Jacke oder Weste. Deutlich setzte sich die Gruppe Mizquin aus der Nähe von Cochabamba ab, fast alle trugen die internationale Uniform aus Jeans und Kapuzenpulli. Während alle Mädchen aus den entfernten Gemeinden die schwarzen Haare in langen Zöpfen trugen, hatten diese Stadtkinder kurze Zöpfe oder die Haare zum Pferdeschwanz gebunden.

Folkloreabend – Gruppe aus Mizquin

Die Tänze, die Gesänge und die Musik ähnelten sich bei allen Gruppen. Die Mädchen tanzten mit winzigen Schritten meist auf der Stelle oder mit einer minimalen Drehung, ihr hoher nasaler Gesang in den Obertönen klang für meine Ohren recht krächzend. Die Jungen sorgten ausnahmslos für die Musik mit Gitarren, dem kleinen Charango, der Trommel und der Flöte. Nur einmal waren auch vier Jungen bei einem Tanz eingebunden. Diese traditionelle Musik und die Tänze wurden sehr gepflegt. Alle K'anchay-Gruppen hatten „Erhaltung der Kultur" im Lehrprogramm. Sie beteiligten sich an Wettbewerben und trugen selbst in jedem Jahr ein „Takiy Tinku" unter den sieben CEAs von K'anchay aus. Nach den Vorführungen sollte es zum allgemeinen Tanz übergehen. Für mich mit meiner Erkältung kam das nicht mehr infrage, ich wollte nur noch ins Bett. Nachts klangen noch lange die Gespräche an dem kleinen Lagerfeuer durch die Nacht, das auf dem Platz vor der Vivienda angezündet worden war. Ich hörte die Stimmen, das Lachen bis in meine Träume, wachte davon nach kurzem Schlummer immer wieder auf. Am Morgen staunte ich über die Menge der Bierdosen, da hatten alle ordentlich zugegriffen. Bisher hatte ich keinen Alkohol bemerkt, das hatte für diesen Abend nicht gegolten, und ich bekam einen Eindruck von den Festen, die ganz offensichtlich mit viel Alkohol gefeiert werden.

Biblische Landschaft

Am Morgen tat der Rücken nicht so weh wie am Vortag. Ehe die Männer aufwachten, konnte ich mich endlich einmal ungestört waschen. Um acht Uhr schaute ich nach dem Frühstück, fand meine neuen Freundinnen in der Küche. „Was möchtest du frühstücken?" Die aus dem Saal geräumten Tische standen noch draußen. Mit einem allgemeinen Frühstück war also nicht vor neun zu rechnen. Ich bat um eine Thermoskanne heißes Wasser und um ein Brot. Der Box, die mir am ersten Abend zur Verfügung gestellt worden war, entnahm ich Nescafé und Kekse, deckte den Tisch in der Vivienda für den Verwalter Gonzalo, die Buchhalterin und Zimmergenossin Shirley und mich selbst. Nescafé, Kekse, das Brot und der aus dem Flugzeug mitgebrachte Marmeladenrest ergaben ein geradezu luxuriöses Frühstück. Ich machte ein Foto: So sieht ein Luxusfrühstück in Vila Vila aus!

Francisco kam und avisierte die Abreise in einer halben Stunde. Das war knapp, ich hatte mit dem Aufbruch nach dem Mittag gerechnet. Leider ging es nicht zurück nach Cochabamba, wie es im Plan geheißen hatte, sondern weiter in die CEA Qachari, die auf der gleichen Höhe lag wie Vila Vila, es würde also weiter regnerisch, kalt und unbequem sein. Wie unbequem, ahnte ich zu dem Zeitpunkt noch nicht.

Das meiste hatte ich am Vortag schon gepackt und jetzt kam der Rest in Koffer und Tasche. Obwohl schon didaktische Materialien verbraucht und Mitbringsel verschenkt waren, hatte ich immer noch zu viel Kram und nicht alles passte in den Koffer – die Plastiktasche musste wieder mit. Ich machte die Abschiedsrunde, kam auch zu meinen neuen Freundinnen in der Küche: „Aber du kommst doch wieder?" Maria del Carmen, die mich so gut betreut hatte, bat: „Aber du musst auch nach San Marco kommen!" Ach ja, gern! Mir war ja inzwischen klar geworden, warum im Antrag gestanden hatte, ich solle den Einsatz in San Marco durchführen. Der Antrag war von einem Einsatz im Juli, August oder spätestens September ausgegangen, wenn in den Bergen Winter ist, also in der Trockenperiode, wenn der Ort mit einem Auto angesteuert werden kann. Jetzt – zur Regenzeit – war er nur zu Fuß durch einen Fluss erreichbar, das wollte man mir nicht zumuten. Dass es später dennoch zu einer Flussdurchquerung kommen sollte, ahnte niemand.

Die Mehrzahl der Schüler, Lehrer und Assistenten reiste heute ab. Aber was heißt abreisen! Sie machten sich zu Fuß auf den Weg, würden ihr Dorf in vier bis fünf Stunden erreichen, um ab Sonntag von dort wieder aufzubrechen. Gepäck brauchten sie nicht zu schleppen. Diese Jugendlichen besaßen das, was sie am Leibe trugen, und die Zahnbürste. Die Entscheidung zwischen Haben oder Sein hatte ihnen das Leben bisher abgenommen.

Mein nächster Einsatzort war Qachari. Ich hatte nichts dagegen gehabt, direkt von Vila Vila aus in diese CEA zu wechseln, weil die ebenfalls auf fast viertausend Meter lag und ich jetzt an die Höhe gewöhnt war. Der direkte Wechsel hatte seinen Grund aber in einer ökonomischen Überlegung zur Versorgung des Internats. Ein Lastwagen mit Lebensmitteln und Baustoffen musste nach Qachari und konnte mich und meine Habe mitnehmen. Nach Hause meldete ich: „Bin stark erkältet, hab Rückenschmerzen. Heute geht es nach Qachari." Da wusste ich noch nicht, welche Herausforderung die nächsten drei Tage werden würden.

In Sacaca stieg eine kleine Indiofrau auf die Ladefläche dazu, sie war die einzige, die später mit mir in Qachari blieb. Eduardo, ein dicker, gemütlicher Mensch und umsichtiger, vorsichtiger Fahrer, und die anderen beiden Mitfahrer, Octavio und Filipe, kehrten noch am Abend zurück nach Vila Vila.

Nur bis Sacaca war die Straße mit Steinen befestigt. Danach schlingerte das Fahrzeug über den unbefestigten Weg hinauf und hinunter, durch tiefe Gräben, Wasserlöcher und Schlamm, es gab manch gefährliche Situation. Mit viel Geduld lenkte Eduardo über überflutete Brücken, an Steilhängen entlang, über aufgerissene Furchen, durch Rinnsale und Mulden. Teile für ein Blechdach waren nicht richtig befestigt und drohten abzurutschen, drei Mal hielten wir an – Octavio, der jüngste und wendigste der Helfer, stieg immer wieder auf den Kühler und schob die Platten zurück. Erst beim dritten Mal befestigte er sie sicher. Warum er das nicht gleich beim ersten Mal gemacht hatte, erschloss sich mir nicht. Vom Führerhaus des Lasters aus bestaunte ich erneut die atemberaubende Landschaft.

Tiefe Schründe in den braunen Lehmwänden mit tief eingeschnittenen Cañones ließen an eine Mondlandschaft denken. Dann wieder ging es über eine Hochebene, auf der sich von rechts und links samtüberzogene Hügel wie lässig lagernde Riesen hinzogen, die entspannt die Glieder ausstreckten, während sie auf einem Diwan lagen und Nüsse naschten. Zwar sah man die Köpfe nicht, konnte sich aber gut ihr zufriedenes Schmausen vorstellen. Einmal passierten wir eine Felsformation, die mich an mehrere kauernde Katzen denken ließ. Zwischendurch tat sich immer wieder ein Blick in die Tiefe auf – das Tal war vielleicht nicht so eng wie das Colca-Tal in Peru oder der Grand Canyon in den USA, aber mit ähnlichen Höhenunterschieden. Immer wieder entfuhr mir ein „Wow!" ob der spektakulären Kulisse. Froh machte mich dieser Weg. Dankbar war ich meinem Schicksal, dass ich diese Landschaft ohne touristische Ambitionen, sondern mit den hier lebenden Menschen zusammen erleben durfte. Ich war nicht unterwegs zu einem Hotspot, wo Tausende Besucher ihre Fotos schossen, sondern bewegte mich in einer Mission, bei der es um die Entwicklung von Gemeinden ging, die auf dem Weg in die Jetztzeit waren. Oft

Mondlandschaft

hatte ich Zweifel, ob mein Einsatz richtig wäre. Oft hatte ich gedacht, man solle die Menschen ihren eigenen Weg finden lassen. Warum sollten europäische Organisationen sich einmischen?

Alle diese Überlegungen gingen mir auch auf dieser Fahrt durch den Kopf. Frauen mit ihren Schafherden begegneten uns, Lamaherden grasten im freien Gelände, ein Junge begleitete seine zwei Ochsen, ein Mädchen kam mit ein paar Schafen daher. Gut konnte ich mir David bei den Schafen vorstellen, der gegen Goliath einen Stein wirft und ihn tödlich trifft. Oder denselben David, wie er auf der Flöte bläst, zur Beruhigung des Königs berufen, und schließlich selbst zum König wird. Auch das Gleichnis vom zurückkehrenden Sohn war hier präsent. Für einen hohen Gast wird selbstverständlich ein Schaf, werden ein paar Hühner geschlachtet, wird das Dorf eingeladen, mitzufeiern. Ich sollte das selbst erleben, allerdings nicht mit einem Schaf, sondern mit einem Kaninchen. In dieser Landschaft könnten die Märchen spielen: „Die Gänsemagd“, „Der gestiefelte Kater“, „Von einem der auszog, das Fürchten zu lernen“; „Schneewittchen“ könnte auf ihrer Flucht hinter die sieben Berge zu den sieben Zwergen hier ankommen, die böse Stiefmutter müsste sie lange suchen.

Häufig lagerte ein Hund am Weg, lief eine Weile wütend kläffend neben dem Auto her. „Das ist seine Arbeit. Jedes Fahrzeug muss er ein Stück begleiten“, kommentierte Eduardo ironisch. Eduard saß wie ein Orang-Utan hinter seinem Steuer, stoisch hatte er die Augen auf dem Weg, die Schlaglöcher umrundete er, wenn das nicht ging, setzte er zögerlich Rad für Rad in die Kuhle. Er zeigte auf die Dörfer Kheakhea und Layupampa, von fern grüßten grelle blaue Wellblechdächer und ein Steinhaus, in einem anderen Dorf waren alle Häuser rot bedacht. Die nackten Felsen zeigten vielfältige Formen, die Farben wechselten ständig. Mal hatten sie eine rotviolette Tönung, mal mischte sich Orange zu den verschiedenen Brauntönen. Manchmal leuchtete graugrünes Granulat zwischen den Steinlinien auf. Die kurvenreichen geologischen Formationen waren Vorgaben für die Bewirtschaftung:

hellgrüne Gerstenfelder, dunkelblaulila Bohnenblüten, hellblaue bis weiße Blüten auf den Kartoffelfeldern, dunkelgrüne Fichten der Aufforstungen unterbrachen das Gestein. Ab und zu leuchteten glatte Wasserflächen.

„Sind das Salzseen oder ist es Süßwasser?", wollte ich wissen.

„Das sind Lehmlöcher, damit sich darin das Wasser sammelt. Das nennt sich *cosecha de agua*."

Wasserernte jetzt in der Regenzeit. Dachbrunnen aus Lehm waren nicht geeignet für einen Wasservorrat, über einem Lehmboden aber bleibt das Wasser lange stehen. Meine Augen tranken all den Zauber. Ich fühlte mich in diesem Moment unendlich privilegiert, hier im Führerhaus des Kleinlasters sitzen zu dürfen und die Weite und den Reichtum dieser biblischen Landschaft in mich aufzunehmen. Dank der ab und an möglichen Internet-Kommunikation konnte ich von den Eindrücken zeitnah berichten und die Lieben waren fern und zugleich so nah. Vor der Reise hatten wir zusammen auf den Karten die tief in den Bergen liegenden Dörfer gesucht, hatten gesehen, wie weit entfernt von größeren Städten diese Orte liegen, wie zerklüftet das Gebirge ist, wie wenige Wege dorthin führen. Mein erstes gesendetes Foto war mit „breathtaking – atemberaubend" kommentiert worden. Und wenn ich Bilder sandte, konnten alle spüren, wie großartig diese Landschaft war. Das Wort „mit-teilen" bekam wieder seine ursprüngliche Bedeutung.

„Du siehst jetzt nur die großen Dörfer", erklärte Eduardo. „Viele kleine Siedlungen erreicht man nicht mit dem Auto. Einige werden verschwinden. Das Land wirft oft nicht mal das Notwendige ab, die Jungen wollen weg, auch die Mädchen wollen nicht nur Schafe hüten."

„Was heißt das, nicht einmal das Notwendige? Sie verhungern doch nicht", wandte ich ein.

„Verhungern nicht", gab Eduardo zu, „aber es reicht höchstens für eins der Kinder mit seiner Familie, wenn die überhaupt bleiben wollen. Die Bauern haben ihr Land und das Vieh, aber sie haben kein Geld. Und die Kinder sehen ja auch, wie es woanders in der Welt zugeht. Seit es Elektrizität gibt, sehen sie im Fernsehen das Leben in der Stadt und wollen auch solche Klamotten und Mobiltelefone haben."

„Dann ist der Einsatz von K'anchay und überhaupt der Einsatz für die Bildung der Jugendlichen ja richtig", fasste ich zusammen, seufzte und hing wieder meinen Gedanken nach. Coca-Cola und Nestlé, Siemens, Bayer und andere nutzen schon heute die Wünsche junger Menschen aus. Internet und Mobiltelefone kamen in entfernteste Gebiete und erzeugten weitere Bedürfnisse. Der Wunsch nach Teilhabe in der Stadt war allgegenwärtig, die Urbanisierung war nicht aufzuhalten. Der soziale Zusammenhalt wurde unterbrochen, weitere Migration war die Folge. Ich dachte an Kolumbien. Dort hatte man die Bauern nicht vertrieben, sondern man hatte ihr Land gekauft oder genommen und riesige Bananen- oder Kaffeeplantagen angelegt. Die Bauern fanden zwar Arbeit in den Plantagen, aber der Lohn reichte oft nicht zum Leben. Und so geschah es in Mittelamerika und so in Peru bis zur Landreform – und so fand auch in Bolivien der Ausverkauf der Rohstoffe statt, ohne dass das Land sozial entwickelt wurde. Das hatte sich erst mit dem Wahlsieg der MAS und dem Präsidenten Evo Morales geändert. Die NGOs waren gefragt, sowohl die Bildung zu unterstützen als auch die Landreformen, damit die Bauern bleiben und ihre eigene nachhaltige Entwicklung betreiben können.

Qachari – Regen, Matsch und Einsamkeit

Nach der langen und gefährlichen Fahrt führte der Weg über eine einzige Zufahrt hinab ins Dorf Qachari. Wir waren am Ende der Zivilisation angelangt, jeglicher befahrbare Weg endete hier. An der tiefsten Stelle des Ortes links vorbei am gut gefüllten Regenauffangbecken bog Eduardo über einen Matschweg in eine Gasse ein. Über einem halb geöffneten Tor prangte in verrosteten Lettern: CEA Qachari – Comunidad Educativa Agropecuaria. Die verschiedenen Namen über den Toren wiesen auf die Entwicklung hin, während uns hier die „Gemeinschaft für Bildung und Landwirtschaft" mit Regen und Kälte erwartete, hieß es bei den jüngeren Internaten und im offiziellen Sprachgebrauch „ökologische Landwirtschaft". Noch war ich gespannt auf die neue Erfahrung. Octavio sprang vom Wagen, öffnete die Einfahrt, der Wagen fuhr auf den Hof, Eduardo und die beiden Helfer luden ab. Ich stand zitternd dabei, als Gasflaschen, Kisten mit Tomaten, Säcke mit Zwiebeln und Äpfeln, Kartons mit Thunfisch in Dosen und Milchpulver, mit Zucker, Salz, Mehl, Margarine und Marmelade sowie auch meine Wunderkiste im Magazin verschwanden. Die Bauteile wurden nachlässig auf den Hof geknallt, egal, ob sie in Pfützen oder im Matsch landeten.

„Komm in die Küche. Da ist es warm." Eduardo hatte mein verlorenes Umherstehen bemerkt und versuchte, mir mit dieser Einladung die Ankunft zu erleichtern. In der Küche brannten zwei große Gasflammen und schufen ein wenig Wärme, weit entfernt

Mein „Bad" in Qachari

von der Behaglichkeit eines Kamins oder eines richtigen Ofens. Die Tür zum Hof schrammte über den Boden, deshalb blieb sie häufig offenstehen, man musste alle Eintretenden bitten, sie wieder zu schließen, immer wieder zog es kalt herein. Wo ist der Tischler, dachte ich, und warum kann man nicht einen kleinen Gasofen bauen? In der Küche bekamen der Fahrer, die zwei Helfer und ich Kaffee und ein hartes, trockenes Brot, das wir in den süßen Kaffee stippten. Es dauerte nicht lange und schwupp, fuhren die Drei wieder los und ich fand mich allein mit Desy, einer liebevoll schauenden, rundlichen Person Anfang dreißig, und Romano, einem vorwitzigen Knaben von etwa zehn Jahren.

„Ich zeig dir, wo du schläfst." Desy führte mich über den Hof in ein Gebäude, ein kleines Schild verriet, dass es „Mit Hilfe der GIZ" gebaut war. Ein weiteres Schild sprach von Zuschüssen der „Caritas Saragossa". Mein Zimmer hatte ein „eigenes" Bad. Über das Etablissement war ich nicht sonderlich überrascht, musste aber doch in mich hineingrinsen. Das Bad hatte ich zwar für mich allein, aber die Tür ging nicht zu. Wenn jemand ins Zimmer kam, konnte der mich – wie auch schon bei der Hinreise auf dem Flughafen – auf dem Topf sitzen sehen. Einen Wasseranschluss gab es nicht, in der Ecke stand eine Tonne, der Schlauch aus dem Brunnen wurde hineingelegt, die Tonne gefüllt, mein Wasch- und Spülwasser für die nächsten Tage stand bereit, den Abfluss des Klos konnte ich benutzen.

Die Ausstattung des Zimmers bestand aus drei durchgelegenen Betten, auf einem lag ein ganzer Stapel dicker Lamadecken. Meinerseits in die Betrachtung der neuen Unterbringung versunken, erläuterte Desy die Lage.

„Du kannst dir so viele Decken nehmen, wie du willst, und da sind Laken. Mach dir ein Bett zurecht, es kommt niemand weiter in dies Zimmer." Mein Blick erfasste die Kuhle in den Matratzen, mein Rücken jubelte ein Halleluja. Das Schlimmste waren auch hier der Dreck und Staub und die Reste des alten Schuljahres. Auf der Fensterbank hatten sich über die Weihnachtsferien die Fliegen totgeflogen, aus einem halb offenen Schrank quollen vergessene Kleidungsstücke, an einem Textilschrank klafften kaputte Reißverschlüsse. Notdürftig beseitigte ich den ekelerregenden Schmutz im grün gekachelten Bad und am Abfluss, suchte mir ein Bett aus und bat um einen Eimer heißes Wasser. So gut es ging, richtete ich mich ein und wusch meine Haare über einer Schüssel. Immerhin funktionierte der Abfluss, so konnte ich mit dem gebrauchten Wasser die Toilette spülen.

Mein Zimmer war entsetzlich kalt, es hatte wieder zu regnen begonnen – und was jetzt? Ich prüfte die Unterlage der Matratze und fand eine Überraschung. Zwischen Matratze und Drahtgeflecht klemmte ein kleiner, bestickter Beutel. Neugierig öffnete ich den Reißverschluss. Geldscheine quollen heraus, eine ziemlich hohe Summe. Ich war erschrocken und unsicher, was hatte es damit auf sich? Wer hatte hier zuletzt genächtigt? Hatte jemand von einer Besuchergruppe das hier vor anderen in Sicherheit bringen wollen und vergessen? Ich hoffte, in der Küche jemanden für eine Erklärung zu finden. Dort brannten tröstlich die Gasflammen und schufen ein erträgliches Innenklima, aber es gab niemanden, den ich nach dem Geld hätte fragen können. Ich fand einen Zeitungsausschnitt mit einem Artikel, in dem eine Schweizer Gruppe von ihrem Besuch im Internat berichtete. Das war vielleicht eine Erklärung. Zwei Tage später klärte sich der Fund auf: Florencia, die das Zentrum leiten sollte, hatte die Beiträge der Eltern für das kommende Schuljahr eingesammelt und wollte das Geld nicht bei sich behalten oder mit nach Hause nehmen. Eine Bank gab es in Qachari natürlich nicht.

Cecilia war dazugekommen, ein hübsches junges Mädchen mit einem um den Kopf gewundenen, französisch geflochtenen Zopf.

„Und in welche Klasse gehst du?" Nach kurzer Begrüßung stellte ich diese konventionelle Frage.

„Ich bin fertig mit der Sekundarschule. Ich werde studieren."

„Was wirst du studieren?"

„Ich will zum Militär, aber ich weiß nicht, ob ich die Aufnahmeprüfung bestehe."

Dieser Berufswunsch war mir fremd und Cecilia erläuterte auch nichts weiter, stellte auch keine Fragen. Wie so oft wunderte ich mich über die mangelnde Neugier. Die Schüler in Bolivien sind sehr jung mit der Sekundarschule fertig, sie stolpern mit siebzehn oder achtzehn Jahren unbedarft in ihre Zukunft. Das dreizehnte Jahr für das Abitur ging mir durch den Sinn – was doch ein Jahr für die Reife ausmachen kann. Auch in Deutschland kamen mir jetzt die Schulabgänger immer unreifer und unpolitischer vor. Nein, das war nicht richtig. Als vor ein paar Jahren die vielen Menschen aus Kriegs- und Armutsgebieten nach Deutschland strömten, hatten sich die Jugendlichen in großer Zahl engagiert. Und jüngst hörte man von Initiativen gegen den Klimawandel, „Fridays for Future". Ob sie davon gehört hätte, wollte ich von Cecilia wissen, aber sie interessierte sich nicht nur für mich nicht, sondern auch nicht für eine erweiterte Bildung, für das schulische Curriculum oder Politik. Keine der Fragen, die ich stellte, provozierten eine Antwort; sie sah mich an, lächelte, machte „hm" oder „ah" und las in einem Heft Geschichten über die Organisation K'anchay. Ein Volontär aus Spanien, ein kulturmüder Mann, schildert darin begeistert sein Jahr in den Internaten.

„Ich möchte gern Englisch lernen", plötzlich fiel ihr doch etwas ein.

„Hattet ihr in der Schule keinen Englisch-Unterricht?"

„Nein, wir haben nur Quechua und Spanisch. Andere Sprachen muss man selbst bezahlen."

Über mangelnden Englischunterricht an den bolivianischen Sekundarschulen hatte ich mich schon in Vila Vila gewundert, obwohl mir bewusst war, dass die Kids mit Quechua oder Aymara in die Schule kommen und Spanisch für sie die erste Fremdsprache ist. Dennoch hatte ich gedacht, dass im Zuge der Schulreform eine zweite Fremdsprache in der Sekundarschule als Pflichtfach gelehrt würde. Auch für die Aufnahmeprüfung in der Universität wird außer Spanisch keine weitere Sprache gefordert.

Zum Abend machte Desy Pommes, Reis und ein Spiegelei für mich, die anderen bekamen eine leckere heiße Gemüsesuppe, die mir auch gereicht hätte. Immer wieder wurde ich mit der Vorstellung konfrontiert, man müsste mir etwas Besonderes vorsetzen, dabei war das weitgehend vegetarische Essen in den Internaten nahrhaft und schmeckte gut. Ich schämte mich für Privilegien, die ich nicht brauchte. Aber vielleicht war es auch ganz anders. Aus dem eigenen Mangel heraus wollte man mich verwöhnen und mir damit eine besondere Ehre erweisen. Ich bemühte mich um Dankbarkeit.

Nachts zickte die Bandscheibe in der Matratzenkuhle. Starke Schmerzen veranlassten mich, aufzustehen und eine Runde Gymnastik einzulegen. Wer jemals mit der Bandscheibe Probleme hatte, weiß, dass man ein Päckchen macht, einen Katzenbuckel, dass man die Beine schlenkert, in einer Acht bewegt und etliche Übungen mehr absolviert, bis man sich wieder bewegen kann. Eine Stunde verbrachte ich damit, bis ich wieder warm war, der Rücken sich schmerzfrei beugen ließ, und ich mich im Schlafsack einkuscheln konnte. Ironisch dachte ich: Es hätte schlimmer kommen können. Es gibt keine Läuse, keine Wanzen, keine Mäuse, keine Kakerlaken und in meinem Schlafsack mit Wärmflasche friere ich nicht. Kein Grund zur Klage.

Der Morgen kroch kalt, trübe und sehr still herauf. Auf der Suche nach heißem Wasser, vielleicht einem Brot und vor allem etwas Wärme machte ich mich zur Küche auf. Ich kam durch den Essraum, dort saß Romano vor einem mit einer dicken Staubschicht bedeckten Fernsehschrank. Video-Kassetten und Hefte lagen ungeordnet auf einer Ablage. Ich setzte mich zu ihm, sah mit ihm einige für Bolivien adaptierte Lehrfilme über das Leben auf dem Bauernhof mit Kühen, Ziegen und Bienen an, danach kamen die bekannten Geschichten von den „Drei Schweinchen". Zusammen warteten wir auf jemanden, der das Gas anzündete, Wasser kochte, ein Frühstück zubereitete. Ich hätte mich gern mit dem Jungen unterhalten, aber er sprach nur Quechua, sein Spanisch war rudimentär, stumm saßen wir nebeneinander. Am späten Vormittag erschien Florencia, die in Vila Vila zu meinen Schülerinnen gehört hatte und die das Zentrum leiten sollte. Sie war am Vorabend zu Fuß von Vila Vila gekommen und hatte sich gleich hingelegt. Dick eingepackt war sie in Decken und Jacken, auf die Stirn hatte sie sich Coca-Blätter geklebt, die Medizin gegen alles, darüber saß eine Wollmütze. Sie nahm einen der großen Kessel, füllte ihn mit Wasser, setzte ihn auf die Gasflamme und stöhnte die ganze Zeit über starkes Kopfweh. Sie bereitete Maismilch für Romano, Wasser für Kaffee und für einen Tee aus frischer *muña*, einer aromatischen Minzeart: „Minthostachys" aus der Familie der Lamiaceaen. Zu essen gab es nochmals ein hartes, trockenes Brötchen.

„Ich weiß nicht, wie es mit dem Mittag wird. Ich habe starke Kopfschmerzen."

„Leg dich erst einmal wieder hin."

Zum Mittag blieb die Küche still und kalt. Florencia konnte nicht aufstehen, ich wärmte die restliche Suppe vom Vorabend, füllte die Teller für Romano und mich und brachte auch Florencia eine Schale. Dazu gab ich ihr Tee aus meiner Reiseapotheke. Dass ich hier einmal die Krankenversorgung machen würde, hatte nicht auf der Liste der Aufgaben gestanden. Überhaupt hatte ich mir vieles gar nicht oder anders vorgestellt. Ich hatte an die Zentren der Ursulinen im Norden Perus gedacht, die ich mehrfach besucht hatte. Alle waren praktisch, einfach und sauber eingerichtet gewesen. Der Unterschied hatte sicher nicht nur im Klima gelegen. Dort war es warm und man hatte Lust, etwas zu tun. Hier war alles schmutzig, verwahrlost und kalt, man suchte vergebens nach einem gemütlichen Plätzchen. Wichtig wäre hier die Erziehung zu dem, was meine Großmutter „arm, aber sauber" genannt hatte – eine Grundvorstellung von Ordnung und Sauberkeit. Ich schalt mich erneut ein Luxusgeschöpf. Die Kids kamen aus den primitiven Adobehütten der Dörfer, in denen es kein fließendes Wasser gab und der Abtritt hinter dem Haus nur ein Loch war. Die Internate bedeuteten einen Fortschritt mit einer gehobenen Infrastruktur. „Aber für mich nicht!", schrie eine innere Stimme, die ich sofort zum Schweigen brachte.

Der Regen legte eine Pause ein, ich wagte einen kleinen Spaziergang. Immer hart am Matsch kam ich zu der neu errichteten Sekundarschule aus roten gebrannten Ziegeln. Diese und das ebenfalls rot gedeckte Dach leuchteten fremd in die Landschaft. Das ebenso auffällige blaue Wellblech des offenen Sportplatzes hatte ich bei der Anfahrt schon von Weitem gesehen. Eigentümlich anmaßend nahm sich das Ensemble in der braunlehmigen Landschaft aus. Weiter oben am Berg stand ein halbfertiges Haus ebenfalls aus gebrannten Ziegeln – hier war einer zu Reichtum gelangt, war nicht weggezogen, sondern baute mit diesem teuren Material. Am halbfertigen Haus endete jedweder Weg. Weiter ging es nur in die nächste Schlucht. Eine ältere Frau trieb ihre Schafherde und ein paar Esel über den Hügel den Berg hinunter in den zerklüfteten Cañon. Neben mir mähte es leise; ein junges Mädchen führte seine Schafherde ebenfalls den Berg hinunter.

Bald darauf folgte eine weitere Herde, wieder von einer Frau begleitet. Auf der gegenüberliegenden Seite des Dorfes bemerkte ich noch eine Schafherde mit einem Mädchen. Das Dorf zählt etwa sechzig Familien, erfuhr ich später, alle haben Schafe, Ziegen, Esel, Schweine, Hühner, manchmal eine Milchkuh, manchmal ein oder zwei Rinder. Niemand hatte ein Auto. Einmal sah ich zwei junge Männer mit einem Motorrad – das und viel später einmal ein Lastwagen waren die einzigen Fahrzeuge, die ich in meiner Qachari-Woche sah. Der nächste medizinische Posten war in zweistündigem Fußmarsch zu erreichen. Ein Kontakt mit der Außenwelt wurde über das Funknetz hergestellt, falls etwas Schlimmes passieren sollte und die Ambulanz gerufen werden musste. Aber was sollte das sein, etwas „Schlimmes"? Es gab keine Maschinen, in

Die Schafe sind Aufgabe der Mädchen

die jemand mit Fingern, Händen oder Füßen geraten konnte, niemand stürzte in den Bergen ab, weil jeder Schritt von Kindheit an vertraut war. Die alten Menschen gingen gebeugt, hatten gichtgekrümmte Finger, waren zahnlos und schwerhörig – aber dafür brauchte man nicht den schnellen Einsatz eines Rettungsdienstes. Kinder könnten sterben, ja, das war ein Drama. Aber Tod und Leben gehören in diesen Dörfern viel enger zusammen als in den medizinisch hochgerüsteten Städten. Auch an diesem Punkt meldeten sich die Zweifel wieder: So viele Menschen auf diesem Planeten und alle mit den Wünschen nach fließendem Wasser, hygienischen Verhältnissen, einer umfassenden medizinischen Versorgung – wo würde das enden? Bisher hatten sich immer größere Ballungen ergeben, aber es sind auch schon Imperien wegen Mangels an Ressourcen untergegangen, z. B. die Osterinseln und das Römische Reich. Ich schalt mich eine miese Skeptikerin und es stand ja auch nicht in meiner Macht, etwas an der Urbanisierung oder den Kinderzahlen der Bauern zu ändern. Da hatte sich durch die gesundheitliche Aufklärung, die hier auch in die fernsten Dörfer vorgedrungen war, vieles verändert.

Die meisten Dächer in Qachari waren mit blauen Wellblechen gedeckt, das deutete auf eine gewisse Entwicklung hin, nur wenige hatten noch die alte Grasbedachung, die alle paar Jahre erneuert werden muss. Über eines dieser Dächer war zum Schutz gegen die Feuchtigkeit eine große Plane mit Coca-Cola-Werbung gespannt. Da war es wieder: Die internationale Marke war immer schon da, der schlaue Igel gegen den schnellen Hasen, die Ausbeuter gegen die Aufklärer.

Vier kleine Schweinchen

Beim Zurückkommen begrüßten mich vier Ferkel, zwei graue und zwei braunschwarz gesprenkelte; vertraulich grunzend streckten sie der Wanderin ihre Schnauzen entgegen, erwarteten eine Leckerei, bekamen nichts und wandten sich wieder den kargen Abfällen zu.

Vorsichtig setzte ich meine Schritte um die Wasserläufe und den aufgeworfenen Lehm herum. Am Ende des Weges kam mir eine bucklige Frau entgegen, streckte mir zur Begrüßung die braune, knotige Hand hin und lächelte mit zahnlosem Mund. Sie sagte etwas auf Quechua, merkte, dass ich es nicht verstand, und brachte „mucha lluvia" hervor. „Viel Regen", ja, das war offensichtlich. Ich wusste nicht, ob die Alte das bedauerte oder sich darüber freute. Die Regenzeit dauert von Oktober bis April. Dann müssen die Zisternen gefüllt sein, damit es bis zum nächsten Oktober reicht. Wenn schon im März die Wege und Felder austrocknen, kann es für die Ernte dramatisch werden. Die Abhängigkeit vom Wetter war hier nicht anders als in allen anderen landwirtschaftlich geprägten Gegenden der Welt. Zu viel Wasser vernichtete die Ernte genauso wie eine zu lange Trockenzeit. Die Erdmutter „Pachamama" wurde um den Segen gebeten oder der Himmel und Gott: „Wachstum und Gedeihen liegt in des Himmels Hand. Alle gute Gabe kommt her von Gott dem Herrn …" Aber Gott war auch die Sonne, die verbrannte hier in der Höhe. „El sol quema", sagten die Menschen, dann trockneten die jetzt matschglitschigen Wege schnell aus, die Erde riss auf, es bildeten sich tiefe Furchen. Die Menschen des Berglandes bewahrten unter dem aufgesetzten christlichen Glauben ein animistisches Bild vom Ausgeliefertsein an die Natur.

Abends ging es Florencia etwas besser. Sie kochte für den Knaben Romano und für uns Reis, briet Pommes, schnippelte Salat aus Zwiebeln und Tomaten. Ich bekam wieder ein Ei, teilte es sofort mit Romano, der seine Blicke bescheiden abgewendet hatte und es beglückt annahm. Ein Gast kam in die Küche, der Nachbar Eustachio. Er bekam einen Teller Reis und nahm gern meinen Salatrest. Er konnte nur wenige Worte Spanisch, bemerkte, dass es kalt sei, ich bestätigte es und er schenkte mir dafür die Quechua-Worte: „ante chiri" – Florencia übersetzte: „muy frio" – also „sehr kalt". Mit einer Thermosflasche Tee und wie am Vortag mit einer Plastik-Wärmflasche ausgestattet, zog ich mich bald in meinen

Schlafsack zurück. Zwei Tage hatte ich schon sinnlos vertrödelt, konnte nichts tun, war unglücklich in Regen und Kälte. Ich fühlte mich weit entfernt von dem, was ich tun sollte oder könnte, fühlte meine Mission gescheitert. Die Kälte fraß sich in die Knochen, der Regen durchweichte die Kleider und hemmte den Bewegungsdrang – aber nichts zu tun zu haben, war das schlimmste.

Die Unsinnigkeit machte sich körperlich bemerkbar: In der Nacht kamen die Rückenschmerzen heftiger als je zuvor zurück. Wieder verbrachte ich eine Stunde mit Übungen im kalten, dunklen Zimmer, bevor die Bandscheibe den Ischias-Nerv so weit freigegeben hatte, dass ich mich wieder hinlegen konnte. Verzweiflung war eine sinnlose Option. Auch Melancholie konnte ich mir sparen. Depression wäre vielleicht gegangen, aber da war nichts, worüber oder gegen wen ich hätte deprimiert sein können. Depression ist Rückzug von der Welt, hier aber war ich schon so zurückgesetzt, dass eine zusätzliche innere Emigration kaum bemerkt würde. Besser waren Fatalismus und Stoizismus: „Du bist in dieser Situation, du kannst sie nicht ändern, also was greinst du!?“ So oder so ähnlich sprach ich mit mir auf dieser zweiten Station meines Einsatzes in der fremden Welt. Abbrechen? Einen Notruf an Francisco schicken: „Hilfe, ich halte es nicht aus!“? Nein, das kam nicht infrage. Bei der ersten Station in Vila Vila war es letztlich gut gegangen. Nicht, dass es toll gewesen wäre, aber da waren Leute gewesen, die sich meiner angenommen hatten. Die dicke Köchin Ana zum Beispiel, die ungefragt eine riesige Plastikflasche mit kochend heißem Wasser als Wärmflasche gebracht hatte. Sie war auch alle paar Stunden mit einer Tasse heißen Coca-Tees gekommen und hatte gefragt, ob sie noch etwas für mich tun könne. Da waren auch Francisco und Maria del Carmen, die die große, bereits erwähnte Kiste mit allerlei Dingen gebracht hatten, von denen sie glaubten, ich bedürfe ihrer: Toilettenpapier, Nescafé, Coca-Tee in Beuteln, Kekse und Kräcker, Bonbons und so weiter. Die Kiste war hier nach Qachari mitgeschleppt worden, sie sollte mich bis zum Schluss begleiten. Nein, so hatte ich mir das alles nicht vorgestellt, als ich den Vertrag für die Fortbildung von Lehrkräften in Bolivien unterschrieben hatte. Und wenn auch die Kiste vielerlei Hilfreiches enthielt – leider war darin keine Wärme, kein fließendes Wasser, kein Internet, kein fester Lattenrost für einen bandscheibenfreundlichen Schlaf, kurz, keinerlei Bequemlichkeit, noch nicht einmal eine Flasche Wein zum Trost. Aber schlimmer als die körperliche Unbill war das Nichtstun. Das Gefühl, überflüssig zu sein, keine Aufgabe zu sehen, war schwer erträglich. Es war eine Zwangspause, die wegen des Wetters und fehlender Lehrkräfte weder mit Wanderungen noch mit sinnvoller Tätigkeit gefüllt werden konnte. Ich konnte auch nicht weg – wohin sollte ich gehen? Der Vorteil, die imposanten Berge ohne Touristenrummel zu erleben, hatte eben auch Nachteile. Es blieb beim Lesen und Frieren, mit klammen Fingern Tagebuch schreiben. Aber kein objektives Leiden gab mir die Berechtigung zu klagen.

Mein Geburtstag brach an. Achtundsiebzig Lebensjahre waren vollendet, das neunundsiebzigste zog mit grau verhangenem Himmel herauf. Ich blickte in die Spiegelscherbe, eine alte Frau blickte zurück. Die schütteren Haare fielen grau um mein schmales Gesicht mit den vielen Runzeln, die schmalen, ungeschminkten Lippen waren konzentriert zusammengepresst und gaben mir einen strengen Ausdruck, aber meine hellen, braungesprenkelten Augen sprachen eine ermutigende Sprache. So wirkte ich für Schüler und Fremde: freundlich-streng und distanziert. Auf die Frage, wie es mir gehe, antwortete ich gern: „Ich wohne dem Zerfall meines Körpers bei." Ja, der Körper war alt, aber im Gemüt war ich jung, die Seele war fünfunddreißig, sie altert nicht. Bei aller momentanen Unbill gab ich dem nächsten Lebensjahr seine Chance. Zur Feier des Tages legte ich die silbernen Ohrringe mit dem eingravierten Käfer an und fühlte mich gleich gerüstet.

Die Zeit ist eine sehr willkürliche Größe, die Erde dreht sich, der Mensch teilt Tag und Nacht in Stunden. An etwas muss man sich orientieren, das ist zum einen das Licht, aber für eine funktionierende Kommunikation sind weitere Einteilungen nötig. Im Traum war ich in einem Zentrum, in dem zwischen Arbeitsort und Wohnung ein Zeitunterschied von einer Stunde bestand. Zweimal täglich mussten die arbeitenden Bewohner dieses Landes ihre Uhren umstellen. Lächelnd war ich aufgewacht, ich hatte mit viel weniger Zeitdifferenzen zu rechnen. Viele Bauern in diesem Dorf hatten sicher gar keine Uhr. Einmal war ich zu einer Zusammenkunft in El Alto geladen gewesen. In der Einladung hatte gestanden: nach Sonnenhöchststand. Also, hatte ich angenommen, irgendwann gegen drei Uhr nachmittags. Allerdings waren erst ab vier Uhr Gäste eingetroffen, die Versammlung begann gegen fünf Uhr und niemand bemängelte Unpünktlichkeit. An dieses Lehrstück dachte ich an diesem Morgen, als ich in den Kommunikationskanälen forschte, wer an mich gedacht hatte. Vergeblich: Es gab keinen Empfang. Ich packte das liebevoll verpackte Buch von Ronald aus und stellte die mitgenommenen Glückwunschkarten zur Dauerkerze. Ich hatte nichts erwartet, war ja weit weg. Meinetwegen brauchte es den Anlass eines Jahrestags nicht, um sich der gegenseitigen Wohlgeneigtheit und Liebe zu versichern. Aber Grüße schon, die erwartete ich sehr wohl und war traurig, keine Verbindung mit der Welt zu haben, da war eine fatale Abhängigkeit entstanden.

Gleich nach dem kargen Frühstück machte ich einen Spaziergang bergauf. Nach einigen in die Höhe gewanderten Schritten hatte ich einen guten Netzempfang und die Wünsche vieler lieber Freundinnen und Freunde trafen via WhatsApp, Facebook und Mail ein. Aber ach, es begann wieder zu regnen, mit den nassen, klammen Fingern konnte ich keine Antworten versenden. Es war eine merkwürdige Erfahrung, in einer von der Urbanisation weit entfernten Gegend überhaupt eine Verbindung zu haben. Die Gemeinde Qachari war erst seit zwei Jahren an das Stromnetz angeschlossen, es gab weiterhin Berggemeinden ohne Strom, aber schnell hatte es die Luftübertragung geschafft, auch in hintere Winkel vorzudringen. Nur sorgten die Berge für natürliche Löcher im unsichtbaren Luftnetz.

„Wie alt bist du?", wollte ich von Florencia wissen, als ich in die Küche zurückkam, um mich aufzuwärmen.

„Dreißig. Und du? Wie alt bist du?" Und schon hatte ich mich verplappert und meinen heutigen Geburtstag preisgegeben.

Florencia rechnete nach: „Meine Mutter ist genauso alt. Sie wird im September achtundsiebzig. Meine Eltern arbeiten noch immer auf dem Feld, fünf Mädchen sind wir und ein Junge, ich bin die Jüngste. Ich habe die Ausbildung als Volontärin in Vila Vila gemacht und schon einige Jahre in San Marco gearbeitet, in diesem Jahr habe ich die Leitung in Qachari übernommen."

„Du bist nicht verheiratet", konstatierte ich.

„Das hat sich nicht ergeben. Jetzt hab ich mich hier für zwei Jahre verpflichtet, da wird sich auch kein Ehemann finden."

Resignation lag in ihrer Haltung, aber dann fügte sie stolz hinzu: „Ich habe einen Beruf und ein Einkommen, ich bin nicht abhängig."

„Wer wird einmal die Landwirtschaft deiner Eltern übernehmen? Hilft ihnen jemand von deinen Geschwistern?"

„Alle sind in die Stadt gezogen. Die Landwirtschaft meiner Eltern will niemand übernehmen. Vielleicht kommt mein ältester Bruder zurück. Er ist verheiratet und sie bekommen jetzt ein Kind. Da werden sie vielleicht ins Dorf zurückgehen." Nein, die Landflucht war nicht aufzuhalten.

Florencia kam auf den Jahrestag zurück: „Alles Gute für dich! Da muss es heute aber etwas Besonderes zum Essen geben." Sie umarmte mich innig und küsste mich auf beide Wangen. Zum Mittag brachte sie dann auch wirklich etwas Besonderes auf den Tisch. Sie hatte ein Kaninchen geschlachtet. Das ausgenommene Tier hatte sie mit Zwiebeln, Möhren, Kartoffeln und Gewürzen gekocht, das zerteilte Kaninchen noch einmal gebraten. Sie verteilte die Kartoffeln auf die Teller, legte Kaninchenteile dazu, mischte die Möhren mit Zwiebeln und Tomaten zu einem leckeren Salat. Ich bekam zwei Hinterbeine des toten Tiers, Romano und Florencia je einen Vorderlauf. Es war ein wahrhaft luxuriöses Mahl. Beim

Essen erzählte ich von einem Erlebnis in den französischen Bergen: „Eine Freundin und ich reisten durch eine stille Gegend und hielten an einem Gasthof, wollten dort essen. Der Chef empfahl ein Hühnchen, schickte uns zu einem Spaziergang und wartete nach zwei Stunden mit einem schmackhaften Gericht auf. Eile hatte damals niemand. Und es gefällt mir auch hier, dass Effektivität und Schnelligkeit nicht so wichtig sind. Kein Wunder, denn Feldfrüchte lassen sich nicht zu schnellem Wachstum antreiben, die Natur bestimmt den Rhythmus." Meine Gastgeberin nickte bekräftigend.

Das Kaninchen war das Köstlichste, was dieser Tag hergab. Der Himmel wollte sich aus seinem dumpfen Grau nicht lösen und öffnete immer wieder die Wolken für weiteren Regen, ich verzog mich fröstelnd in den Schlafsack. Später las ich in der Zeitung, dass es an diesem Tag weiter nördlich in Bolivien einen Erdrutsch gegeben hatte, bei dem sechzehn Menschen ums Leben gekommen waren.

Ich war froh, das dicke schwere Buch mitgeschleppt zu haben. So fand ich Trost in der Einsamkeit mit „Aufleuchtende Details" von Péter Nádas, tauchte ein in die Geschichte des zwanzigsten Jahrhunderts, in seine Erinnerungen, die sich mit meinen verbanden. Mein Bett war mein Sofa, mein Sessel, mein Schreibtisch, ich richtete mich mit dem Schlafsack als Decke ein, es war fast behaglich. Ich dachte an den armen Poeten und war froh, keinen Schirm gegen ein undichtes Dach zu brauchen.

Am Abend des vergammelten dritten Tages belebte sich das Internat. Endlich kehrte Leben ein. Einige Schüler und Schülerinnen aus den zu Qachari gehörenden Gemeinden kamen an, sie waren drei, vier oder sogar fünf Stunden unterwegs gewesen. Aus Vila Vila kamen die Lehrkräfte Octavio und Constancio, die Assistentin Margareta und zwei weitere Frauen. Den Weg von Vila Vila, der mit dem Kleinlaster drei Stunden gedauert hatte, waren die Ankömmlinge in fünf Stunden zu Fuß gelaufen. Lachen und Scherzen erklang, schon wirkte alles nicht mehr so unendlich verlassen und trist, und ich fühlte mich nicht mehr so ineffektiv und am falschen Platz. Fünf junge Mädchen wirbelten in der Küche, kredenzten zum Abendessen Gemüsesuppe und Reis, danach Muña-Tee. Endlich ging es los.

Ein älteres Weiblein klopfte schüchtern und trat auf Aufforderung von Florencia leise vor sich hin klagend in den Essraum. Sie bekam eine Schale Suppe, aber sie grummelte weiter, hielt sich das Gesicht. Offenbar hatte sie Zahnschmerzen. Sie bat die versammelten Erwachsenen um Hilfe. Aber vergeblich, alle zuckten die Schultern. Mit ein paar Tabletten konnte ich aushelfen und dankbar schlurfte die Alte davon, mehrfach von allen Seiten ermahnt, nicht mehr als zwei Tabletten zu schlucken. Nach dem Essen – draußen war es stockdunkel und feucht – bat ich erneut um eine Wärmflasche und heißes Wasser für Tee. Ich hatte nicht geahnt, was ich hier einmal als Luxus empfinden würde.

In der Nacht meldete sich die Bandscheibe zurück. Die abgenutzten Lendenwirbel hatten den Ischiasnerv erneut eingeklemmt. Ich machte die gleichen Übungen wie in den Nächten zuvor, glücklich schlief ich danach noch einige Stunden. Nach dem Frühstück mit kalten Schmalzkuchen, die Florencia am Vortag abgebacken hatte, stellten sich einige der jungen Damen vor: Alejandra, Marta, Margarita, Eva. Sie waren in Vila Vila gewesen, kannten mich schon, fragten mich über meine Familie, mein Alter, meinen Beruf aus und wollten wissen, wie das Klima in Deutschland ist und was man dort isst. Ich war endlich gefragt und nahm mir gern viel Zeit, den Wissensdurst der Mädchen zu stillen.

Der Himmel gab sich endlich einmal hellgrau. Mutig zog ich die Schuhe an und ging hinaus. Matsch, Matsch, Matsch! Vielleicht hundert Meter weit hangelte ich mich am Schlamm entlang, bevor die ersten kleinen und dann größeren Tropfen fielen. Bis ich wieder im Haus war, waren Haare und Umhängetuch durchnässt. Im Speisesaal war es warm und ich konnte trocknen, denn dort war inzwischen eine Bäckerei entstanden. Am Morgen hatten in der Küche vier Jungen in einem riesigen Bottich den Hefeteig mit ihren

Fäusten geknetet. Es war ein heiteres Bild gewesen, wie sie da um den Trog gekniet und ihre Arme mit aller Kraft rauf und runter in den Teig versenkt hatten. Jetzt waren im Speisesaal ein paar Tische zusammengeschoben worden, an beiden Seiten standen zwei Jungen, zwei weitere standen am Kopfende, rissen jeweils faustgroße Stücke aus dem Teig und warfen sie den anderen zu, die die Klumpen auffingen und mit dem Handteller geschickt zu gleichmäßig großen Kugeln rollten.

Zum Schluss lagen in langen Reihen ungefähr vierhundert dieser Kugeln auf dem Tisch – die Frühstücksbrote für alle Internatsbewohner für die ganze Woche. Als aller Teig zu Kugeln gerollt war, schob Octavio sie in die zwei Industrieöfen, die bisher

Die Bröchen für die Woche werden vorbereitet

wie sinnlose Ungetüme an einer Wand gestanden hatten. Gespannt verfolgten die Kids den Backprozess durch die Sichtfenster. Später bekam jeder ein noch frisches Teilchen, sogar Marmelade gab es dazu, es war ein kleines Festmahl.

Noch vor dem Frühstück am nächsten Tag – Maismilch und eins der gestern gebackenen Brote – saßen die Schüler und Schülerinnen mit Aufgaben im Klassenzimmer. Sie malten, zeichneten, schrieben, pausten Bilder ab. Aus einem anderen Zimmer klangen Gitarren- und Flötenübungen. Das war die Stunde der *lectura*. Ich hatte keine Ahnung, wie die Lehrkräfte hier eingreifen sollten. Die Schülerinnen und Schüler gingen in unterschiedliche Klassen, hatten unterschiedliche Aufgaben, arbeiteten individuell. Ich hätte gern Anregungen für mehr Kreativität gegeben, vielleicht die Ausleihe von Büchern organisiert. Aber wie in Vila Vila war auch hier die sogenannte Bibliothek nur ein verstaubter Verschlag mit unzulänglichem Bestand. Wieder eine Reflexion über die Sprache: Wenn die Amtssprache Spanisch ist, wenn Literatur nur in Spanisch erhältlich ist, so sollten die Kinder auch und vor allem schon früh diese Sprache lernen. Oder es müssten Bücher, vor allem Kinderbücher, in Quechua, Aymara und Guaraní geschrieben werden. Erst seit Kurzem waren diese Sprachen überhaupt zu Schriftsprachen geworden. Ich war unsicher, ob es besser wäre, eine Verschriftlichung der indigenen Sprachen voranzutreiben oder konsequent und früh Spanisch zu unterrichten. Bei uns zu Hause wurde häufig Plattdeutsch gesprochen. Meine Mutter bestand auf dem Hochdeutschen, da wir, die Kinder, sonst schlechtere Chancen in der Schule hätten. Ich glaube heute, sie hat mir damit viel geholfen. Ich verstehe zwar die Mundart einiger Dialekte, aber für die Teilhabe an allem Offiziellen ist die Amtssprache ein Vorteil.

„Florencia, hast du eine Möglichkeit, die Bibliothek zu verbessern?"

„Ich weiß nicht. Ich bin ja neu in diesem Jahr als Leiterin. Vielleicht müssen wir den Raum saubermachen und die Bücher durchsehen."

„Ja, und vielleicht kannst du die Hilfsorganisationen, die euch besuchen, um spanische Ausgaben der internationalen Werke bitten. Einige gibt es in vereinfachten Versionen für Kinder. Die

Jugendlichen sprechen ja Quechua als Muttersprache, die Literatur ist für sie fremdsprachlich. Das Lesen wird Mühe machen, aber ich halte es für unbedingt notwendig."

Florencia versprach nachzufragen, ich selbst wollte mit den Hauptverantwortlichen auch dieses Thema ansprechen.

Der Gong in Qachari

Ein Gong rief zur Versammlung. Ein Gong? Ein Junge schlug zwei rostige Metallteile aneinander, die an einem Draht hingen. Acht Mädchen und achtzehn Jungen zwischen zwölf und achtzehn Jahren stellten sich zitternd in einer Reihe unter dem überhängenden Dach des Gebäudes auf, sie wirkten wie angetreten, Florencia und die Mitarbeiter standen vor ihnen wie auf einem Kasernenhof.

Schuljahresbeginn in Qachari

Florencia war an diesem Morgen in mehrere Kleidungsschichten dick verpackt. Über einer weiten Hose aus Wollstoff trug sie einen Rock und um die Hüften hatte sie zudem eine dicke Decke gebunden. Der Oberkörper war ebenfalls durch mehrere Lagen vergrößert, sichtbar waren eine grobe Strickjacke und ein Daunenanorak, zusätzlich lag auch um die Schultern ein Umschlagtuch, sie sah wie das Michelin-Männchen aus Reifen aus. Auf den langen schwarzen Zöpfen trug sie eine hohe Mütze aus dicker, fester Wolle mit einem Futter aus Fell. Alle Tage von morgens bis abends sah man sie mit dieser Kopfbedeckung. Florencia und die anderen Lehrer und Helfer begrüßten die Kids zum neuen Schuljahr. Florencia wiederholte die drei Grundtugenden der Comunidad Educativa Agroecológica Qachari: *confianza, cumplimiento, compromiso!* Also: Vertrauen, Pflichterfüllung, Engagement. Sie stellte mich vor und bat mich um ein paar Worte. Ich wiederholte die kurze Vorstellung wie in Vila Vila.

Das war dürftig, ich war auch nicht sicher, wie gut ich verstanden wurde, hatte schon gemerkt, dass mein Spanisch für die Kids ein bisschen seltsam klang. Danach stellte sich Octavio vor, der in diesem Jahr einer der Lehrer für Landwirtschaft sein sollte. Octavio war sechsundzwanzig Jahre alt, für einen Aymara-Angehörigen ziemlich groß – bestimmt einen Meter achtzig –, er hatte glattes schwarzes Haar, das er meist unter einer Wollmütze mit dem Aufdruck „NY" versteckte. Die runden braunen Augen blickten lebens- und liebeshungrig in die Welt. Er kaute Coca-Blätter und hatte stets eine dicke Backe vom Maticobrocken, ein fehlender Schneidezahn gab ihm ein abschreckendes Aussehen.

„Ich bin die letzten vier Jahre in Vila Vila gewesen. Hier werde ich mit euch auf den Feldern arbeiten und euch in Landwirtschaft unterrichten", stellte er sich vor.

Als Assistentin war Margareta aus Vila Vila mitgekommen. Dort hatte die Siebzehnjährige gerade die Sekundarschule beendet. Mir blieb es ein Rätsel, wie die Kinder Boliviens mit siebzehn Jahren schon ihren Abschluss machen konnten. Das Bildungsgesetz

„Avelino Siñani – Elizardo Pérez" vom 20. Dezember 2010 sagte über die Struktur: zwei Jahre Vorschule, sechs Jahre Primaria und sechs Jahre Sekundaria. Wahrscheinlich zählte das ab drei Jahre. Der ebenfalls angekommene Constancio, ein etwa fünfzigjähriger Junggeselle, sollte mit Florencia zusammen das Zentrum leiten und ebenfalls für den landwirtschaftlichen Unterricht verantwortlich sein.

Nach dem Frühstück verrichteten alle Mädchen und Jungen die notwendigen Reinigungsarbeiten. Die Dienste waren eingeteilt und wechselten: Küche, Schlafräume, Toiletten und Waschräume, Büro, Essraum. Mir fiel der größte unter den Jungen auf, er hieß Adrian. Er trug enge, schwarze Röhrenjeans, die über der Hüfte durch einen auffällig breiten, weißen Gürtel gehalten wurden. Er hatte keinen Kapuzenpulli an wie die meisten anderen Jungen, sondern ein mit einem Knopf geschlossenes, sehr schmal geschnittenes schwarzes Jackett, das dandyhaft wirkte. Die asymmetrisch geschnittenen schwarzen Haare, deren lange Seite er immer wieder eitel aus dem Gesicht strich, verstärkten diesen Eindruck. Ich vermutete, dass er sich bei den Aufräumungs- und Landarbeiten etwas abseits halten würde, aber das Gegenteil war der Fall. Er tat sich sowohl bei der Reinigung des Eingangs als auch am nächsten Tag bei der Bodenbearbeitung mit der Spitzhacke hervor und leitete die kleineren Mitschüler an. Er war für mich der lebendige Widerspruch zwischen den alten bäuerlichen Traditionen und dem Aufbruch der Landkinder in die Moderne. Was mochte er hinter seinen einseitigen Fransen denken? Sicher träumte er davon, in der Stadt sein Glück zu machen. Und auch, wenn er mit dem Kopf begriffen haben mochte, dass es in der Stadt nur wenige schaffen, meinte er doch ganz sicher zu wissen, dass er einer der wenigen sein würde. Träume, Sehnsüchte, Möglichkeiten, all das schlummerte unter der Augengardine.

Regen und noch mehr Regen. Das Wasserbecken vor dem Tor des Zentrums war zum Überlaufen gefüllt. Alle schmalen Wälle

links und rechts waren verschwunden, waren ebenfalls zu aufge-
weichtem Boden geworden. Wenn ich seitdem an diesen Tag
denke, sehe ich mich am Rande des Beckens verloren stehen,
nicht wissend, ob ich einen Schritt in die aufgeweichten Furchen
wagen könnte. Ich denke neidisch an die Bauern, die sich mit den
aus Autoreifen geschnittenen Sandalen leichtfüßig durch den
Schlamm zu ihren Feldern bewegen. Ich stand mit unpassendem
Schuhwerk unsicher am Rande des Weges, kam mit vorsichtigen
Schritten durch die aufgeweichte Erde und über die wassergefüll-
ten tiefen Spurrinnen von Fahrzeugen, die hier dann und wann
gefahren waren. Jetzt lag alles still, nicht einmal ein Motorrad
dröhnte in der regenschweren Luft. Es gab keine Internetverbindung, selbst die Telefonleitung brach immer wieder zusammen.
Die eingeschränkte Kommunikation war die größte Unbill neben
dem nächtlich eingeklemmten Ischiasnerv. Der meldete sich immer wieder, obwohl ich das Bett gewechselt hatte.

Um zu probieren, ob ich nicht irgendwo Internetempfang
fände, balancierte ich über Wälle und winzige Wiesenstücke. Dabei stieß ich auf den Chemielehrer der Sekundarschule, einen
kleinen, sehr gepflegt und höflich auftretenden Mann, sofern man
von Auftreten sprechen kann, denn auch er bewegte sich tänzelnd
mal auf dem einen, mal auf dem anderen Fuß an den Rändern der
Wasserläufe entlang. Wir stellten uns vor: Hanna aus Deutschland
– Pedro Alvaro aus Cochabamba.

„Es sind nur wenige Schüler anwesend“, klagte er, „das sind
vor allem diejenigen, die im Internat wohnen.“

Mich interessierte, wie der naturwissenschaftliche Unterricht
organisiert war. „Vielleicht kann ich einmal bei Ihnen hospitieren,
ich bin die ganze Woche hier.“ Daraus sollte nichts werden, die
Höflichkeit gebot, auf eine Einladung zu warten, und die wurde
nicht ausgesprochen.

Für die Internetverbindung musste ich weiter durch den Mod-
der auf den Berg wandern. Der Himmel blieb gnädig und nach
einigem schnaufenden Aufwärtswandern hatte ich tatsächlich

eine stabile Verbindung und konnte Botschaften in alle Welt versenden sowie von Freunden erhalten. Ich las erheitert, wie mir zum Geburtstag eine schöne Feier mit vielen Freunden gewünscht worden war. Trotz der fehlenden Kerzen – mit Ausnahme der artifiziellen von Sita, die jeden Abend zuverlässig vor sich hin leuchtete –, trotz der fehlenden Blumen und Kuchen sowie fehlender Gäste war es ja ein besonderer Tag gewesen. Das extra geschlachtete Kaninchen, die Grüße, die mitgebrachten Glückwunschkarten als Schmuck auf dem Nachtschrank, die „Aufleuchtenden Details" von Péter Nádas – all das hatte gute Laune hervorgerufen. Und wenn es nicht so kalt, nicht so regnerisch, der quietschende Nerv nicht so schmerzhaft gewesen wären, hätte ich die Zeit mit Lesen und Schreiben sogar genießen können. Aber außer dem bereits erwähnten Stoizismus hatte ich kein Verhaltensmuster.

Florencia bat mich, mit fünfzehn Schülerinnen und Schülern eine Stunde gestalten. Ich hatte Konzentrations- und Beobachtungsaufgaben vorbereitet und dafür fünfzehn Stühle zu einem Sitzkreis angeordnet. Zur angegebenen Zeit, das heißt *hora boliviana*, tröpfelten acht junge Leute ins Klassenzimmer. „Wo sind die anderen?" Zwei Mädchen erboten sich, nach den Fehlenden zu fahnden, sie kamen allein zurück, verkündeten: „Die kommen noch." Nach weiteren Minuten hatte das Warten keinen Sinn mehr, ich stellte das Programm um. Die Kids hatten nach deutschem Essen gefragt, ich zeigte einige Bilder von typisch deutschen Gerichten wie Schnitzel oder Bratwurst mit Kartoffelsalat, Spargel mit Schinken, Erbsensuppe mit Würstchen, Sauerbraten. Die Ansichten riefen großes Staunen hervor, ein paar Details zur Zubereitung musste ich erläutern. Danach präsentierte ich Bilder vom Unterricht in Deutschland und ein von Schülern gemachtes Video, alles wurde aufmerksam betrachtet und leise kommentiert. Gern hätten sie vielleicht selbst ein Video gemacht, dafür fehlten Geräte und vor allem das Netz. Ich ging zu Gruppenspielen über. Mit Beobachtungsaufgaben wie „Was fehlt auf dem Tisch? Was hat sich an der Sitzordnung oder an der Kleidung deiner Mitschüler verändert?" gestaltete ich den Rest der Zeit. Diese Aufgaben machten allen großen Spaß, die Stunde war schnell vorbei. Ich nutzte die Gelegenheit, um nach der bolivianischen Geschichte zu fragen. In einem Buch hatte ich den Namen Genoveva Ríos gelesen und wollte wissen, wer das sei. Einer der Jungen sprang auf, ging an den zerbrochenen Schrank, kam mit einem Buch zurück und reichte es mir: „Da steht etwas drin."

„Ja, genau da habe ich den Namen gelesen. Was wisst ihr von Genoveva Ríos[5] und ist euch der Name Juana Azurduy[6] bekannt?"

Acht Augenpaare schauten verständnislos. Sie hatten keine Ahnung, nur von Simón Bolívar[7] hatten sie rudimentäre Kenntnisse, eine genaue Einordnung fehlte aber auch hier. Beim nächsten Einsatz für Didaktik und Methodik mit Lehrkräften sollte die Einbindung von Geschichtskenntnissen auf dem Programm stehen, nahm ich mir vor. Andererseits war es wie in Deutschland: Für einen Test wird etwas auswendig gelernt und kann danach sofort vergessen werden.

Auch am nächsten Tag sollte ich unterrichten. Daraus wurde nichts, denn Florencia hatte andere Aufgaben im Internat angesetzt. Alle Mitarbeiter und Schüler waren mit Säuberungs- und Aufräumaufgaben im Hof und auf dem Grundstück beschäftigt. Zwei Mädchen beseitigten den Schlamm auf einem Weg zu den Kräuterbeeten und zu einem Treibhaus.

---

[5] Genoveva Ríos war eine bolivianische Heldin, die die bolivianische Flagge während einer Invasion von Chile im Jahr 1879 verteidigte.

[6] Juana Azurduy de Padilla, 1780–1862. Lateinamerikanische Guerilla-Führerin im Kampf gegen die Spanier. Sie gilt als eine der berühmtesten Freiheitskämpferinnen der südamerikanischen Unabhängigkeitskriege. Eine Provinz im Departamento Chuquisaca und der erste Flughafen in Sucre wurden nach ihr benannt.

[7] Simón Bolívar, 1783–1830. Südamerikanischer Unabhängigkeitskämpfer. Namensgeber für Bolivien. Nationalheld mehrerer südamerikanischer und karibischer Länder.

Felsen, Flüsse, Schründe und Abgründe

Die Köchin Ana in Colloma

Florencia; Blick auf Qachari, 3800mNN

Die Brötchen werden im Lehmofen gebacken

Traditionelle Weberin in Vila Vila

Kirche in Colloma

Atemberaubende Kulisse

Weite Flussbetten

Spektakuläre Abfahrten

Auf dem Eisenbahnfriedhof

Spiegelspiel auf dem Salar de Uyuni

Aufräumarbeiten

Ein paar Jungen brachten große Steine in Schubkarren zu den Tierställen, einige Jungen und Mädchen waren mit der Entfernung der Pflanzen zwischen den Steinplatten beschäftigt. Ein paar Jungen brachten die wirr herumliegenden Dachplatten und weiteres Material an die richtigen Aufbewahrungsorte. Die Verschönerung und die Herstellung einer angenehmen, freundlichen, hellen und sauberen Arbeitsatmosphäre, da war ich mir sicher, ist Voraussetzung zur Entwicklung von Struktur für diese Kinder und Jugendlichen, die aus Lehmhütten ohne fließendes Wasser kommen, wo es kaum Bücher gibt, wo die Eltern für das bloße Überleben arbeiten.

Die Industrie macht vor der Verunreinigung der ländlichen Gebiete nicht Halt. Und wo sich früher alles Weggeworfene organisch wieder in den Kreislauf einfügte, lebt man bis heute sorglos, als ob sich Dosen und Plastikflaschen genauso selbsttätig recyceln würden wie organischer Abfall, der zudem oft an ein

Schwein verfüttert wird. Ein Bewusstsein für die Umwelt sollte in der eigenen Umgebung anfangen. Ein Gefühl für das „einfach, aber sauber" – der Spruch der Großmutter, die auch „und heil" hinzufügte – war nicht anerzogen.

Leicht war es in der Überflussgesellschaft, einer bestehenden Ordnung Widerstand entgegenzusetzen, schwerer fiel es, den Paradigmenwechsel erst einmal zu schaffen. Das Leben selbst hing wohl weder von Disziplin noch von Ordnung ab, die Frage lautete vielmehr, was den Kids helfen könnte, ihre Entwicklung in die eigenen Hände zu nehmen und in einer städtischen Umwelt würdevoll und ehrlich zu überleben, ohne ausgebeutet oder korrumpiert zu werden. Hin und her gerissen zwischen dem Anspruch auf bestimmte Sekundärtugenden und der Notwendigkeit zur Selbsterziehung der Jugend überprüfte ich meine Prioritäten. Keinesfalls wollte ich den Gehorsam, der nur funktioniert, wenn gestraft wird, den sogenannten Kadavergehorsam. Ich schüttelte mir innerlich das Fell aus. Nein, das auf keinen Fall. Aber ich wollte auch keine Wurstigkeit, kein inneres oder äußeres Chaos. Das war nicht zielführend.

Aber was war das Ziel? In den gläubig-lauernden Augen der Kids las ich die Sehnsucht nach dem Leben in der Stadt, nach Teilhabe an dem, was als „modernes Leben" bezeichnet wird. Ihr Zukunftsbild war durch bestimmte Marken geprägt, durch Aufdrucke von Fußballclubs, eine Mütze mit dem Aufdruck „NY" weckte Begehrlichkeiten. Einige von ihnen hatten auch schon Smartphones und damit kam die Welt der Wünsche erzeugenden Influencer auch in die entlegenen Bergregionen Boliviens. Aber die Eltern waren arm, auf jeden Fall mangelte es an Bargeld. Waren in einem Jahr viele Schafe geboren worden, hatte die Ernte gute Erträge gebracht, so wurde Land dazugekauft. Studiengebühren für die Kinder aufzubringen, war gewiss schwierig. Vielleicht würde ein Kind der Familie studieren können. Das wäre dann sicher ein Junge. In den Internaten sah ich das Verhältnis: Ein Drittel waren Mädchen, zwei Drittel Jungen. Für einen Start in der Stadt käme wahrscheinlich ein männlicher Nachkomme der Familie infrage. Die Mädchen mussten zurück in die bäuerliche Landwirtschaft, sie würden heiraten und Kinder haben. Immerhin erhielten sie in den Internaten auch gute Kenntnisse dafür.

Am Abend wurde gespielt, Schülerinnen und Schüler hatten den Abend vorbereitet und gestalteten ihn. Bei einem Konkurrenzspiel musste ein Mitglied aus jeder Gruppe Gegenstände herbeischaffen, in einem anderen musste ein Stecken auf dem Finger balanciert werden, bei einem dritten waren versteckte Gegenstände zu finden. Alle verfolgten gespannt die Freunde bei ihren Aktionen, sie zählten nicht die Punkte, sondern jeder Mitspieler, egal ob Sieger und Unterlegener, erhielt Applaus. Alles blieb Spiel, eine fröhlich-entspannte Stimmung erfüllte den Raum.

Am nächsten Tag waren weitere Internatsbewohner eingetroffen. Jetzt waren es zwölf Mädchen und einunddreißig Jungen. Die Mädchen trugen Leggins und darüber den traditionellen Plisseerock in leuchtenden Farben, über den Schultern die selbstgewebte Manta, an den Füßen ausnahmslos Sandalen, die meisten Füße steckten barfuß darin. Nur zwei der Mädchen kamen mit Jeans und Jacke, einem städtischen Outfit, aber auch sie hatten zusätzlich eine gewebte Decke um die Schultern gelegt. Die Jungen trugen Sporthosen oder Jeans, meist Kapuzenpullis, ein paar trugen eng geschnittene, taillierte Sakkos, zwei hatten bestickte folkloristische Westen an. Auffällig war, dass alle Jungen Turnschuhe oder sogar Lederschuhe trugen, kein einziger hatte bloße Füße darin wie viele Mädchen. Was bedeuten Schuhe? In vielen Märchen spielen Schuhe eine Rolle. Mit gutem Schuhwerk kann man weglaufen, kann sich in verschiedenem Gelände bewegen, kann man Wohlstand zeigen. Lederschuhe sind Zeichen eines gehobenen Standards, waren sich die Kids dieser Zuordnung bewusst?

Zum Essen stellten sich alle in drei Reihen auf – rechts die Mädchen, in der Mitte die kleineren, links die großen Jungen. Florencia stand vor ihnen im Eingang zum Speisesaal, verkündete das Programm für den nächsten Tagesabschnitt, alle hörten diszipliniert zu und gingen dann nach Aufforderung ohne Drängeln und Schubsen zum Essen. Das jeweilige Mahl stand schon bereit: beim Frühstück ein Becher mit Maismilch und der Brotfladen, bei den warmen Mahlzeiten Suppe oder Reis in Blechschüsseln.

Nach all dem Grau brach endlich ein Sonnentag an! In der Nacht hatte es noch heftig geregnet, alles war nass. Aber die blauen Flecken am Himmel nahmen verheißungsvoll zu und die Wolken waren weißer als an den vergangenen Tagen. Nach dem Frühstück fragte Octavio, ob ich mit ihm einen Spaziergang machen wolle. Wir wanderten gemächlich ein paar Meter den Berg hinauf, manche Abschnitte waren schon trocken, wir fanden begehbare Flecken. Auf allen Anhöhen trieben Mädchen oder Frauen ihre Schafherden zu den Weideplätzen, auch ein Mann kam mit einer Herde vorbei, aber er zeigte wahrscheinlich nur dem kleinen Mädchen, das ihn begleitete, wo es die Schafe hinzuführen hatte. Octavio bestätigte meine Vermutung: „Stimmt. Die Schafe sind Sache der Frauen." Wir verließen den Fahrweg und wanderten über ein Feld. An einem Wasserspeicher hielten wir an und setzten uns auf das Mäuerchen am Rand des Beckens. Hier gab es ein gutes 3G-Netz, ich konnte alle Mails abrufen und ein paar Nachrichten beantworten. Octavio zeigte mir sein Dorf, Bení.

„Du siehst es von hier, aber es sind drei Stunden zu Fuß dorthin, ich muss ein Tal durchwandern und dann wieder den Berg hoch." Übergangslos bat er: „Kannst du ein Foto von mir machen?"

Er knöpfte sein Hemd ein wenig auf, nahm die sonst unverzichtbare NY-Mütze ab, strich sich eitel übers Haar, in einer vermeintlich lässigen Haltung stützte er den Ellenbogen auf ein Knie und blickte in die Weite. Als er das erste Ergebnis sah, korrigierte er die Haltung und die Kopfneigung. Nach einigen Versuchen war er zufrieden und bat um das Foto per WhatsApp.

Im Gegenzug bat ich ihn, etwas von seinen Wünschen und Vorstellungen zu erzählen.

„Was erwartest du vom Leben?"

Octavio am Wasserspeicher

„Ich war doch vier Jahre in San Marco. Hier soll ich die Ausbildung weitermachen und bin dann „Técnico Medio". Eines Tages möchte ich mich mit einer kleinen Hühnerzucht selbstständig machen. Kannst du mir sagen, wie ich das Geld dafür bekomme? Du hast doch schon Projekte beschrieben. Du kannst mir doch ein Projekt entwerfen."

„Nein, das kann ich nicht. Ich begleite nur Ausbildungsprojekte für Frauen."

Es war unmöglich, ihm die Strukturen derartiger Gruppen sowie die Anträge und deren Prüfung zu vermitteln. Er hatte aber noch eine andere Idee.

„Ich habe eine Vision. Ich möchte alle Bauern hier in Qachari mit kleinen Treibhäusern ausstatten. Wenn wir die von einer internationalen Hilfsorganisation bezahlt kriegen, kann ich den Unterricht machen. Das wär doch toll. In solchen Treibhäusern kann man selbst hier Tomaten züchten."

„Wollen die Bauern das denn?"

„Natürlich. Alle wollen doch noch mehr anbauen, eine bessere Ernte, ein Einkommen. Das könnten sie mit solchen Treibhäusern erreichen. Aber ich brauch zuerst das Geld dafür."

„Du müsstest die Bauern zusammenholen, mit ihnen eine Gruppe bilden, vielleicht eine Nichtregierungsorganisation, eine NGO gründen. Dann musst du ausrechnen, was ihr braucht, also für Stützen, Planen, Samen und so weiter, dann müsst ihr ein Gelände finden und ein Versuchstreibhaus für die Ausbildung bauen. Am besten machst du erst einmal eine Aufstellung für ein solches Kleintreibhaus – vielleicht auf dem Gelände des Internats?"

„Nein, das geht nicht. Das hab ich schon mal angesprochen. Ich glaube nicht, dass ich unterstützt werde."

Das Gespräch verlief im Kreis: Immer wieder kam Octavio auf seine Vision zurück, immer wieder erklärte ich die notwendigen Schritte. Er wollte, dass ich für ihn alles aufschrieb, den Antrag formulierte, eine Geldquelle auftat, den Antrag mit nach Deutschland nahm. Ich verwies auf mein Engagement für die Frauen. Wieder im Internat zeigte ich ihm mehrere Anträge von Frauengruppen, beriet ihn, wie man eine Nichtregierungsorganisation gründen kann. Die Enttäuschung stand ihm im Gesicht. Er hatte gedacht, ich könnte ihm, schnipp, das Geld besorgen. Dass er mehrere Interessenten zusammensuchen sollte, dass er im Internet nach Organisationen fahnden sollte, dass er einen begründeten Antrag und ein Budget entwickeln müsste, das alles gab ihm einen schweren Dämpfer. Den Trost vom nicht an einem Tag erbauten Rom hörte er sich halb beruhigt an. Es blieb bei diesem Beratungsgespräch, denn am Abend wurde Octavio abberufen, er sollte das Team in San Marco ergänzen.

Im Zentrum waren alle Schülerinnen und Schüler anwesend. Es blieb bei den schon vorher eingetroffenen zwölf Mädchen. Florencia klagte: „Leider ist es noch immer häufig so, dass nur die Jungen zur Schule geschickt werden und die Mädchen die alten Rollen übernehmen müssen. Zuerst hüten sie die Schafe, mit fünfzehn, sechzehn bekommen sie ein Kind und heiraten. Sie sind für die gemeinsame Lebensführung in der Landwirtschaft mit verantwortlich. Die älteren Frauen übernehmen wieder die Schafe. Es ist ein Kreislauf.“

„Aber früher hatten die Paare doch deutlich mehr Kinder. Ist das nicht eine gute Entwicklung?“

„Ja, das stimmt“, sie lächelte still. „Früher hatte eine Frau meist zehn bis zwölf Geburten und nur sieben oder acht Kinder überlebten. Heute sind es nur fünf oder manchmal sechs Kinder, von denen die meisten überleben, dadurch ändert sich der Lebensstandard nicht. Die Lebenserwartung der Frauen ist neunundsechzig Jahre, die der Männer etwas weniger.“ Sie verlor sich in ihren Gedanken und fügte dann trotzig hinzu: „Aber unsere Familien halten zusammen. Du hast bestimmt auf den Märkten die Stände mit traditionellen Handwerksarbeiten gesehen? Dabei sitzt oft ein alter Mann oder eine alte Frau, die am Verkauf scheinbar desinteressiert sind. Sie haben nur diese Aufgabe: zu warten, ob sich vielleicht ein Kunde für ihre Ware interessiert, zu handeln und zu verkaufen.“

„Und diese Ware ist genau wie die am Nachbarstand“, gab ich zu bedenken. „Es wird viel hergestellt und nicht so viel verkauft.“

„Stimmt“, gab Florencia zu, „wir sind sehr traditionell. Alle weben die gleichen Muster, stellen die gleichen Fell- oder Lederarbeiten her, stricken die gleichen Mützen, Handschuhe und Pullover. Was sie verkaufen, reicht für einen Teller Suppe. Mehr brauchen sie nicht. Wenn das Dorf zu weit entfernt ist, schlafen sie in ihrem Marktstand.“

„Subsistenzwirtschaft und ambulanter Markt", seufzte ich. Veränderungen der Lebensbedingungen verbesserten sich nur langsam und für die Mädchen und Frauen noch langsamer.

Der nächste Tag wartete mit strahlendem Sonnenschein auf und zauberte eine veränderte Landschaft. Unter dem stahlblauen Himmel mit ein paar Zirruswolken leuchteten bunte Wiesen mit winzigen blauen Blüten und gelben Korbblütlern, die Landschaft brach auf wie eine reife Frucht. Die Berge rückten näher und zeigten ihre schroffen Spitzen. Auf einer dieser Spitzen hoben sich zehn-, fünfzehn Eukalyptusbäume gegen den Himmel ab, es schien, als liefen sie hinter einander her, geduckt gegen den Wind, als seien sie auf dem Weg übers Gebirge, wer weiß, wohin. Aus der Höhe grüßte wieder ein Dorf, ein Rindvieh muhte einen Gruß ins Blaue. An einigen Stellen leuchteten hellblaugrüne Flecken, glitzernd wie ein Extraschmuck. Es waren Flechten, die sich an bestimmte Steine klammerten. Die Sonne brannte und was gestern noch lehmiger Matsch war, wurde unter der Wärme schnell zu harten Rillen und Rinnen.

Im Zentrum war nichts zu tun, die Jugendlichen waren in der Schule. Florencia und ich setzten uns auf ein Mäuerchen in die Sonne.

„Kannst du mir nicht zeigen, wie man die Ferse bei einem Strumpf strickt?", bat sie mich.

„Hast du ein Nadelspiel mit fünf Nadeln? Auf vieren sind die Maschen und mit der fünften strickst du."

„Nein, so was hab ich nicht. Kann ich nicht auf dieser Rundnadel stricken?"

„Ich schicke dir das Video mit der Anleitung auf YouTube", versprach ich. Dann sprachen wir über die Kids.

„Nicht alle werden studieren können", gab Florencia zu.

„Und welche Verdienstmöglichkeiten haben sie in der Stadt? Denn alle wollen doch in die Stadt. Könnt ihr in den Internaten nicht mehr praktischen Unterricht geben? So wie ihr landwirtschaftlichen Unterricht macht, könnten die Kids doch auch

Tischlern und Klempnern, Nähen und Kochen oder sogar den Umgang mit Computern lernen."

„Das wäre toll, aber wir haben in Bolivien wenig Handwerker, die den Unterricht machen könnten. Ein paar werden studieren, einige werden zurück zu ihren Eltern gehen und die Landwirtschaft übernehmen, aber die Mehrzahl von ihnen wird in die Stadt ziehen. Wir vermitteln ihnen eine nachhaltige Landwirtschaft und außerdem das Anlegen eines häuslichen Kleingartens mit ein paar Zwiebeln, Kartoffeln, Bohnen und Mohrrüben. Das hilft im Alltag. Kochen lernen sie auch ein bisschen."

Ich erzählte von der „School for Life" in Thailand, die alle Absolventen in die Lage versetzt, später ein kleines Geschäft zu eröffnen, weil sie Anbau und Verarbeitung von Kaffee lernen und zusätzlich zu den Schulfächern Kalkulation und Buchführung. Und ich erzählte von einer Kooperative von Frauen im Außenbezirk von Sucre, die eine kleine Bäckerei aufgebaut hatten.

„Es geht um Anregungen für die Jungen und Mädchen, damit sie sich mit den Bedingungen eines selbstständigen Lebens befassen. Sie sollten nicht nur theoretisches Wissen in der Schule und praktisches in der Landwirtschaft lernen, sondern sich mit Kosten, Kalkulation und so weiter befassen. Sie lernen Saubermachen und landwirtschaftliche Arbeiten, sie wissen einiges über die Zerstörung der Umwelt und deren Schutz, aber sie verbinden das noch nicht mit ihrer eigenen Zukunft."

„Das stimmt leider. Kannst du nicht noch eine Woche oder länger bleiben?"

Ich schüttelte den Kopf. Das war keine Option. Die Woche war nach den drei nutzlosen ersten Tagen viel zu schnell vergangen. Leider hatte ich erst hier am Einsatzort erkannt, was nötig wäre, ich ärgerte mich, dass ich so unzulänglich vorbereitet gekommen war. Ich konnte nur im Gespräch mit den Erziehern und Lehrkräften neue Gedanken provozieren und Möglichkeiten erörtern. Florencia nahm meinen Vorschlag gern auf, mit den Internatsschülern ein Planspiel über ihre Zukunft durchzuführen.

Abends gab es ein buntes Programm zur Unterhaltung und gleichzeitig für mich zum Abschied. Auf meine Anregung spielten wir „Mein rechter Platz ist leer, ich wünsche mir XY her". Die einfache Wiederholung des Satzes war für die Jugendlichen eine Herausforderung. Wir hatten den Satz ins Spanische übertragen, aber das ist nicht die Muttersprache, also bereitete das Sätzchen Schwierigkeiten. Die ängstliche Haltung der Mädchen zeigte ganz deutlich ihr Verhaftetsein in alten Rollen – ein Mädchen hat bescheiden und zurückhaltend aufzutreten. Einen Namen zu nennen, zu abstrahieren und nur das Spiel zu sehen, fiel am Anfang sehr schwer. Nach und nach lockerte sich die Atmosphäre und die Kids fanden Spaß daran. Ein paar Schüler zeigten Sketche und einige Gruppen führten Tänze mit musikalischer Untermalung auf. Eine Gruppe von Mädchen begann einen Rundtanz und da forderte einer der Kleinsten, der Spaßmacher der Gruppe, mich zum Tanzen auf. Der kleine Kavalier fasste mich an beiden Händen und ließ mich unter seinem erhobenen Arm drehen, eine nicht ganz einfache Aufgabe bei diesem Größenunterschied. Der Abend endete in fröhlicher Stimmung.

Es folgte ein weiterer Tag mit Sonne. Ich war ohne allzu große Schmerzen durch die Nacht gekommen, wachte früh auf und absolvierte gymnastische Übungen, um dem Nerv seine volle Freiheit zu schenken. Das war ja das Erstaunliche: Manchmal wache ich morgens auf, kann mich nur unter Schmerzen aus dem Bett rollen, gekrümmt schleiche ich zur Toilette, jeder denkt, ich bräuchte Hilfe. Dann mache ich ein paar Dehn- und Streckübungen und hüpfe später wie ein junges Mädchen durch den Tag. Niemand sieht mir mehr den stechenden Schmerz vom frühen Morgen an.

Wie immer erklang um sechs Uhr der metallische Glockenschlag. Die folgende Stunde war für das persönliche Ankommen im Tag reserviert, ab sieben Uhr folgte die Lesestunde. Viele bereiteten ihre Hefte für das Schuljahr vor. Sie pausten vorhandene Heftdeckel ab. An eigene Zeichnungen und kreatives Gestalten dachten sie nicht. Mir fiel der Kunstlehrer ein, den ich in Santa Cruz getroffen hatte. Schön wäre es, er könnte auch in den Internaten von K'anchay seine Anregungen vermitteln. Die Assistentin Margarita las in einem Buch zur „Selbstbestimmung und Eigenständigkeit der Frau“.

„Das Buch könntest du mit allen Mädchen durcharbeiten, es ist wichtig für euer Rollenverständnis“, unterbrach ich ihre Lektüre. Ein verschämtes Lächeln war die einzige Antwort. Später sah ich sie mit zwei anderen Mädchen spazieren gehen, danach kochten und scherzten die drei miteinander, von ernsthafter Arbeit, wie es ihre Aufgabe als Assistentin vorsah, war nichts zu spüren. Die drei Mädchen tuschelten und schwatzten und später, als auch noch ein paar Jungen hinzukamen, flirteten sie fröhlich miteinander.

Noch einmal ertönte die Glocke, läutete das Wochenende ein, an dem die meisten Schülerinnen und Schüler das Zentrum verließen, um in ihre Dörfer zu gehen. Florencia hielt eine kleine Rede zum Abschluss und kündigte für Montag das fertige Jahresprogramm mit der Aufgabenverteilung an. Die Hausarbeiten nach dem Frühstück waren heute besonders gründlich, denn alles sollte für die neue Woche vorbereitet sein. Im Büro standen zwei Lehrer der Sekundarschule, ihre Fächer waren Literatur und Mathematik. Gern hätte ich Unterricht gesehen, um den Lehrkräften in den Zentren bessere Hinweise für das zusätzliche Angebot geben zu können, aber die beiden luden mich nicht ein. Während die Jugendlichen in der Schule waren, schlug Florencia eine kleine Landwanderung vor.

„Ich zeige dir unsere Felder, die Kartoffeln, den Mais, die Zwiebeln.“

In der Sonne kletterte das Thermometer auf über zwanzig Grad und während ich abends beim Zuschauen, beim Mitspielen, beim Lesen noch eine Decke zusätzlich um die Beine gewickelt hatte, hätte ich jetzt gern etwas Leichteres angehabt. Ja, in den Bergen kann das Thermometer zwischen Tag und Nacht schon einmal mehr als zwanzig Grad Unterschied aufweisen, in der Trockenzeit sogar noch mehr. Florencia hatte mit einem ausladenden Strohhut mit breiter Krempe ihre Kopfbedeckung der verbrennenden Sonne angepasst, auch ich hatte mein bisher unnützes Hütchen aufgesetzt.

Wir stiegen langsam bergan, setzten uns auf ein paar Steine und erledigten in der Höhe unsere Netzpost. Ich zeigte Florencia, wie sie alle Arbeitsschritte für einen Mangoldkuchen oder eine Anleitung für das Strümpfestricken im Internet finden konnte. Quer über ein brach liegendes Feld erklommen wir eine kleine Anhöhe. Hier waren im landwirtschaftlichen Unterricht Kartoffeln gepflanzt worden, und dort zeigte Florencia die Felder für Gerste, Bohnen und Quinoa. Wir setzten uns und gaben uns dem Duft der blühenden Blumen und Sträucher, dem Gesumm und Gesang von Insekten und Vögeln hin. In der durchsichtig klaren Luft unter dem nahen Himmel fühlte ich mich eins mit der Natur. Die traurigen nassen Tage schienen weit weg.

„Warum verwendet ihr fast bei jeder Mahlzeit Reis?"

„Reis gilt bei uns als die Grundlage aller unserer Mahlzeiten."

„Ihr könntet den Reis durch Quinoa ersetzen. Diese Pflanze produziert ihr selbst."

„Suppen kochen wir meist damit. Du meinst, wir könnten es auch anstelle von Reis benutzen? Wir können es mal versuchen, ja, warum nicht. Aber Reis essen nun mal alle gern."

Ja, dachte ich, Gewohnheiten. War in Deutschland früher kaum ein Gericht ohne Kartoffeln auf den Tisch gekommen, so ist es hier der Reis.

Florencia hatte noch nichts vom Aufstieg der Quinoa in den Industrieländern gehört und staunte, dass dieses Korn und das daraus gewonnene Mehl bei uns in den Ökoläden teuer verkauft wird. Hier ist neben Reis der Mais das Grundnahrungsmittel. Mit Maismehl wird die morgendliche Milch angedickt, Mais wird in vielen Formen verarbeitet. Ich fragte nach einigen Pflanzennamen, meine Begleiterin konnte bei der Bestimmung nicht helfen. Einen wunderbar duftenden Busch nannte sie *para la leña*, also zum Feuermachen, die feuerroten winzigen Blüten interessierten sie gar nicht. Wir sprachen über die Entwicklung des Zentrums, entwarfen Verbesserungspläne, was könnte, sollte verändert werden, und wie. Im Zentrum wurden zu der Zeit dreizehn Hühner, ebenso viele Kaninchen und ein Schwein gehalten. Neben der Feldarbeit gab es praktischen Unterricht in den Ställen.

„Da es in Bolivien kein duales System gibt, werden auch kaum Handwerker und Ingenieure ausgebildet. In den CEAs müsstet ihr einen Beitrag zur handwerklichen Bildung über die Landwirtschaft hinaus anbieten", kam ich auf den früheren Vorschlag zurück. Wir waren uns in der Forderung einig, aber Florencia hatte ebenso wenig ein Konzept wie ich.

Meine Wahrnehmung der Natur war sicher eine andere als die der Menschen, die hier lebten und arbeiteten; ich war Besucherin, Genießerin – jedenfalls in diesem Moment bei Sonnenschein. Die einsamen, kalten Tage der Untätigkeit waren schon Vergangenheit. Wir schwiegen eine Weile, jede hing ihren Gedanken nach. In dieser Höhe, bei diesem Wetter kam ich mir vor wie Goethe in

Erholung in der Sonne

der Campagna und bat Florencia, ein entsprechendes Foto von mir zu machen.

„Du musst ein glücklicher Mensch sein", nahm Florencia nach einer Weile das Gespräch wieder auf. Ich richtete mich auf, sah sie an, sie schaute verlegen in die Weite.

„Vielleicht steht es mir nicht zu, das zu sagen", fuhr sie fort, „aber so, wie du lebst, wünscht man es sich doch."

„Was verstehst du unter Glück?", wollte ich wissen.

„Du siehst gut aus, du bist gesund, du kannst reisen und hast eine Aufgabe. Ist das nicht alles, was man zum Glücklichsein braucht?"

„Stimmt", gab ich zu, „aber hast du das nicht auch? Du bist gesund, hast einen Job, du siehst gut aus, du hast Familie und Freunde und schließlich bist du noch so viel jünger als ich, da könnte ich eher neidisch werden."

„Ich möchte aber auch reisen können und so unabhängig wie du sein."

„Das verstehe ich. Aber man bekommt es nicht als Geschenk, ohne eigenes Zutun. Ich denke, man kann Glück lernen."

„Wie hast du es geschafft?"

„Ich hatte meine Vorstellungen vom Leben. Die hingen oft, zu oft, mit dem zusammen, was andere für mich tun sollten. Irgendwann hab ich gemerkt, dass man nicht das bekommt, was man will, sondern zufrieden sein muss mit dem, was man bekommt. Und wenn man das für sich gelernt hat, kann man sich über die kleinen Dinge freuen, vor allem, wenn der Wunsch einmal mit der Erfüllung übereinstimmt."

„Das ist doch aber noch kein dauerhaftes Glück."

„Nein", gab ich zu, „aber dauerhaftes Glück gibt es nicht. Es gibt eine Grundzufriedenheit mit seinem Schicksal. Und dann, in kleinen Gesten oder Situationen, stellt sich eine vollkommene Balance in deiner Seele ein. Das ist der glückliche Moment. Und wenn du viele solcher Momente hast, dann bist du ein glücklicher Mensch.

„Das hört sich bei dir so einfach an."

„Ich hatte meine Schmerzen und bin oft gescheitert. Und ich war auch hier am Anfang der Woche sehr unglücklich. Da hatte ich nichts zu tun, es war kalt, es regnete. Ich fühlte mich überflüssig und fand den Einsatz hier sinnlos."

„Das darfst du nicht sagen. Als ich krank war, hast du mich gepflegt und ich war froh, dass du da warst."

„Und nun sitzen wir hier. Die Sonne scheint. Wir haben ein schönes Gespräch – siehst du, das ist Glück."

Florencia stand auf, umarmte mich und abschließend sagte sie: „Ich wünschte, du könntest noch bleiben. Wir bleiben Freundinnen."

Dramatisches Ende in Qachari

Die Woche in Qachari ging zu Ende, ich sehnte mich nach einer heißen Dusche und einem anständigen Bett. Der Wagen aus Cochabamba, der mit Gasflaschen und Waren erwartet wurde und der mich in die Stadt zurückbringen sollte, sollte am Nachmittag kommen. Lesend und schreibend vertrieb ich mir die Zeit. Die Minuten tröpfelten. Gefühlte Stunden später avisierte Florencia das Fahrzeug für gegen acht Uhr am Abend, noch einmal später nahm sie mir die Hoffnung auf einen baldigen Abschied und kündigte das Fahrzeug für zwei Uhr in der Nacht an. Wartezeit. Uneffektiv. Zum Nichtstun verurteilt. Ein Seufzer. Ein paar Zeilen lesen. Ein Blick auf die Uhr. Nur eine Viertelstunde vergangen. Noch ein ungeduldiger Seufzer. Was sollte ich tun? Es blieb nur, noch einmal das Postfach einzusehen und Mitteilungen zu versenden. In der Dämmerung schlenderte ich den bekannten Weg den Berg hinauf. Zwei oder drei der Hunde, die ich schon früher gesehen hatte und die mich bisher unbehelligt gelassen hatten, bellten mich an, ruhig setzte ich meinen Weg fort. Das passte einem der Hunde nicht. Plötzlich beschleunigte er seinen Lauf, kam näher und näher und – ich konnte es kaum glauben – biss mir in die Wade. Drohend drehte ich mich um. Die Tiere zogen sich sofort ängstlich zurück, mit kritischem Blick abwartend, was ich als nächstes tun würde. Zur Verteidigung nahm ich einen Stein in die Hand, worauf sich zwei der Hunde sofort trollten und der dritte sich halb misstrauisch, halb respektvoll duckte. Ein Bauer erschien und pfiff die Tiere zurück. Wieder im Haus bat ich Florencia, sich die Wunde anzuschauen. Die Zähne des Hundes waren nicht durch den Hosenstoff gedrungen – Befürchtungen, Bakterien aus dem Mund des Hundes könnten in die Wunde gelangt sein, waren überflüssig. In meiner Reiseapotheke befand sich ein Mittel zur Desinfektion, so konnte die Wunde vorläufig versorgt werden. Der Schreck, von einem Hund angefallen worden zu sein, ließ sich nicht ganz so einfach verarzten. Es war das erste Mal in meinem Leben, ich war mit einem Hund aufgewachsen, hatte nie Angst vor den Tieren gehabt und nun das.

Am späten Abend bereiteten die Mädchen und die im Zentrum gebliebenen Jungen den Teig für *buñuelos* und brieten sie im Fett aus. Warm serviert waren sie sehr lecker. Ein Gespräch mit den Mädchen drehte sich um die Liebe, um den Wunsch, zu heiraten und Kinder zu haben, um die mögliche berufliche Karriere. Scheu und albern kicherten die Siebzehnjährigen immer wieder in ihre Umschlagtücher. Selbstbewusstsein entwickelten die Mädchen nur bei den traditionellen Tänzen und Liedern, ansonsten waren sie folgsam und fleißig – die Möglichkeiten von Selbstbestimmung und Suche des eigenen Lebensweges waren ihnen fremd, ganz zu schweigen von aufbegehrendem Trotz oder der Entwicklung einer Vision. Die Gender-Diskussion war hier nicht angekommen. Mir fiel die eigene Erziehung ein. „Kinder mit'm Willen bekommen was auf die Brillen", war einer der Sprüche meiner Mutter gewesen, bei dem die Brillen den Po meinten. Noch deutlicher war sie mit diesem Spruch: „Es geht nicht danach, was du willst. Warte doch erst einmal, was für einen Mann du bekommst und was der will." Nein, von Gleichberechtigung und Selbstbestimmung war auch in meiner Jugend nicht die Rede gewesen.

Florencia kam beim Abendessen mit der Nachricht, der Laster werde gegen zwölf Uhr nachts ankommen, man könne dann um zwei Uhr aufbrechen. Ich versuchte zu schlafen. Vergeblich. Auch wenn ich mich in zwei der dicken Filzdecken aus Lamawolle hüllte, fröstelte ich vor Aufregung und Anspannung. Um halb zwölf hörte ich das Fahrzeug und ging hinaus, um beim Ab- oder Aufladen zu helfen.

„Auf keinen Fall können wir nachts aufbrechen. Der Weg ist sehr schlecht, das ist viel zu gefährlich." Der Fahrer Marcello lehnte einen nächtlichen Aufbruch rigoros ab. Ein paar Jungen, die auch noch nicht geschlafen hatten, beluden den Laster, luden auch meinen Koffer, die immer noch benötigte Plastiktasche und die Begleitkiste ein, die Abfahrt wurde auf fünf Uhr morgens festgelegt. Unruhig döste ich durch den Rest der Nacht.

Wir trafen uns in der Küche, es war noch finstere Nacht, Wolkenfetzen trieben über den Himmel, ab und zu blitzten Sterne hindurch. Florencia hatte Kaffee gemacht, einen kalten Schmalzkranz gab es dazu und unter Küssen und Freundschaftsversprechen verabschiedete ich mich von ihr, die mir fast eine Freundin geworden war. Noch immer war keine Spur des neuen Morgens zu sehen. In den letzten Tagen hatte ich gemeint, gegen fünf Uhr sei das Licht ins Zimmer gekrochen, aber es war schon fast sechs, als sich die Dunkelheit zurückzog. Es war nicht der erwartete Silberstreifen von Osten, sondern der Raum erhellte sich im Ganzen. Die Morgendämmerung erfüllte Berge und Täler gleichermaßen.

Die erste Stunde fuhren wir auf einem Kamm. Die gefährlichen Kurven zum Fluss Tocapaya erlebten wir bei Helligkeit und ich verstand jetzt gut, warum Marcello nicht in der Nacht hatte aufbrechen wollen. Das gleichnamige Dorf Tocapaya war bei einem früheren Hochwasser fast ausgelöscht und deshalb an höherer Stelle wieder errichtet worden, auch heute rauschte der Fluss mit viel Wasser zu Tal. Danach ging es in Spitzkehren wieder hinauf auf dreitausend Meter und dann wieder hinunter zur Brücke über den Vilayache.

„Die Fahrt von Cochabamba nach Qachari gestern Abend hat viel länger gedauert als geplant. Der Transporter war schwer beladen und immer wieder musste ich zurücksetzen, um im ersten Gang die nächste Anhöhe hinaufzukommen oder um für die aufgeweichten Stellen in den Vierradantrieb zu schalten.“ Marcello saß in Jeans und engem Anorak breitbeinig hinter dem Steuer. Verstohlen betrachtete ich ihn. Viel war von ihm nicht zu sehen. Er war ziemlich beleibt, nicht so dick wie der Fahrer Eduardo auf der Fahrt von Vila Vila nach Qachari, aber doch deutlich wohlgenährt.

„Ich bin vier Jahre als Ambulanz-Fahrer in dieser Gegend gefahren, ich kenn mich aus.“

„Warst du immer Fahrer?“

„Nein, ich habe zuerst Lehramt studiert und wollte Lehrer werden wie meine Eltern. Aber das war nichts für mich. Das hab ich abgebrochen.“

Ich erfuhr, dass er dreißig Jahre alt und verheiratet war und mit seiner Frau ein kleines Mädchen hatte, etwas über ein Jahr alt. Er lebte in Cochabamba in einer Wohnung im Haus seiner Eltern, seine Frau war Lehrerin in einer weit entfernt liegenden Gemeinde; manchmal kam sie am Wochenende nach Cochabamba, meistens fuhr er mit seinem Motorrad zu ihr. Eine Wochenendehe, wie sie hier häufig vorkam und ganz selbstverständlich zu sein schien. Er war zufrieden und die Familie gehörte mit zwei Gehältern, mit der Wohnung im Haus seiner Eltern und mit einem eigenen Motorrad zur Mittelschicht.

Sechs Stunden dauerte die Fahrt über Berge, Kurven, Serpentinen, Abgründe. Atemberaubende Ausblicke, bizarre Felsen und immer wieder links und rechts Ausblicke, die mich schaudern ließen. Einmal lag auf der Straße eine tote Katze, ein *gato montés* – eine kleine Leopardenart, die vom Aussterben bedroht ist. Oft huschten Viscachas, eine Chinchilla-Art, über den Weg zu ihrem

Bau. Nach der Abzweigung auf die Nationalstraße 4 begegneten wir den Touristenbussen nach Oruro und La Paz und überholten ab und zu, wenn einer in unserer Richtung zu langsam fuhr.

Erholung in Cochabamba

In Cochabamba fuhren wir zunächst einmal zum Büro der Organisation K'anchay in der Uru-Straße. Vor der verschlossenen Pforte mussten wir warten, bis die Sekretärin Sayda kam und die doppelt gesicherten Türen öffnete. Das war auffällig. Während tagsüber in den verschiedenen CEAs von K'anchay ein unbedingtes Vertrauen herrschte und alles offen lag, war hier alles verrammelt und verriegelt. Sayda war hübsch, jung, schlank, sie hatte ihre schwarzen Haare zu einem strengen Knoten gebunden, ihre schwarzen Augen blitzten. Seit drei Jahren arbeitete sie bei K'anchay als Sekretärin und beklagte sich nur darüber, dass dann und wann zu viel zu tun sei und sie manchmal, eben wie heute, auch am Wochenende arbeiten müsse. Eduardo lud die leeren Gasflaschen und weiteres Material vom Laster, dann fuhr er mich zu einer Privatklinik, um die Bisswunde fachgerecht verarzten zu lassen. Der Aufwand schien mir ziemlich groß, aber wegen der Versicherung wollte ich auch keinen Fehler machen. Schließlich und endlich brachten freundliche Helfer mich ins Hotel Regina, in dem ich schon bei der Ankunft in Bolivien eine Nacht mit Dusche, Riesenbett und WLAN genossen hatte, und überließen mich meinem Ruhebedürfnis. Das war allerdings nicht so ausgeprägt, dass ich nicht zuerst allerlei elektronische Kommunikation in Angriff genommen hätte. Mit Bildern und Texten meldete ich mich bei meinen Lieben und bei Freundinnen und Freunden in aller Welt.

Dann rief ich den netten Germán an.

„Hallo. Ich bin in Cochabamba. Ich dachte, wir könnten uns für heute Abend oder morgen verabreden" – ich liebäugelte mit einer Einladung zum Essen.

„Schade, dass du nicht eher angerufen hast. Ich habe das ganze Wochenende Besuch von meinem Sohn mit seiner Frau aus Boston. Da kann ich nicht weg.“

„Wie schade. Dann viel Spaß mit der Familie.“

Mit der Enttäuschung über das ausgefallene Rendezvous hielt ich mich nicht lange auf, genoss den Luxus einer langen heißen Dusche, machte danach einen kleinen Spaziergang, der mich an einem Getränkehandel vorbeiführte, aus dem ich mir eine Flasche Wein für diesen und den nächsten Abend mitnahm. Für ein paar Pfennige ließ ich mir die durch Nässe und Matsch verdreckten Schuhe von einem selbstbewussten Schuhputzer an der Ecke des Kolumbus-Parks putzen. Der hagere, braungebrannte Mann saß auf einem der Hochstühle für die Facharbeiter in diesem Beruf, auf den Knien hatte er einen Lederschutz, neben ihm stand ein Beutel mit verschiedenen Schuhpaaren. Während ich wartete, kamen mehrfach Kunden vorbei, um ihre geputzten und reparierten Fußbekleidungen abzuholen, einen weiteren Kunden schickte er weg, er solle morgen wiederkommen. Mit den nach der professionellen Behandlung wie neu glänzenden Stiefeln wanderte ich zurück ins Hotel und genoss den Abend mit Wein und einer bolivianischen Schnulze im Fernsehen.

Beim Frühstück war ich die Erste, wurde umsorgt und bedient vom Kellner, der offensichtlich froh war über den frühen Gast und mich gern verwöhnte. Ich beantwortete E-Mails, WhatsApp-Nachrichten und ergänzte fehlende Tagebucheinträge. Bei einem Spaziergang schlenderte ich müßig durch die sonntäglich stille Stadt. Wie beim ersten Gang vor zwei Wochen irrte ich mich in den Richtungen und merkte erst spät, dass ich im Kreis gelaufen war. Ich verglich Cochabamba mit La Paz oder Sucre. Wie dort bestimmten auch hier hauptsächlich Kreolen oder hellhäutige Mestizen das Bild. Auf dem Kolumbus-Platz turnten zur Musik etwa einhundert junge Menschen auf der für Fahrzeuge gesperrten Straße. Gebäude und Straßen erinnerten an argentinische

Städte, koloniale Bauten wiesen auf die Epoche des Vizekönigreiches hin, ich nahm ein größeres Selbstbewusstsein der Einwohner wahr, seien es Indigene, Mestizen oder Kreolen, als in anderen bolivianischen Städten, die ich besucht hatte. Die Armenviertel waren wie bei vielen großen Städten an den Rand verbannt, ich sah die primitiven Hütten später bei meinem Abschied in der Nähe des Busbahnhofs. In einem einfachen Restaurant aß ich ein Nudelgericht und trank einen Natursaft, lernte hierbei die Mengen, die in einer „personalen" Flasche mit 0,3 und einer größeren, der sogenannten *familiar*, mit einem Liter auf den Tisch kamen, glasweise konnte man keine Getränke kaufen, eine Maßnahme der Hygiene.

Am Abend genoss ich den Weinrest vom Vortag, sann über die drei Tage der Untätigkeit und Hilflosigkeit im kalten, nassen Qachari nach und hoffte, in den verbleibenden zwei Einrichtungen effektiver arbeiten zu können. Die Lektüre von Péter Nádas' Erinnerungen ließ mich erneut über den beschämenden Umgang mit der desolaten Vergangenheit Europas und der ebenso desolaten Gegenwart weltweit nachgrübeln. Kenntnis nehmen! Wie trägt man auf der Stirn, dass man Kenntnis hat und nimmt? Damals, als Kind, hatte ich mit der Mutter Lebensmittel zu den russischen Kriegsgefangenen und nachher zu den Flüchtlingen gebracht. Mit der jungen Familie wohnte ich in den siebziger Jahren des vorigen Jahrhunderts in der unmittelbaren Nachbarschaft zum ehemaligen Konzentrationslager Neuengamme. Ich hatte mich in Dachau, Bergen-Belsen, in Buchenwald, in Flossenbürg und etlichen anderen Gefängnissen und Konzentrationslagern geschämt, zum Tätervolk zu gehören. Als Lehrerin hatte ich mit den Schülerinnen und Schülern einer neunten Klasse Szenen eingeübt, die die Erinnerung an die Hybris des Dritten Reiches mit seinen Gräueln wachhalten sollten. Und schon sah ich mich in einem Rechtfertigungszwang, der doch nicht die innere Erkenntnis verdrängen konnte, dass ich selbst Teilnehmerin an den europäischen Wirren und den Plünderungen des Planeten im zwanzigsten Jahrhundert war. Wie trägt man „Kenntnis" auf der Stirn? Oder wie lebt man in Übereinstimmung mit dieser Kenntnis und darf trotzdem hier und heute fröhlich sein? Es blieb ein Dilemma. Und die Widersprüche ereilten mich ja nicht nur beim Nachdenken über die Lektüre – so deutlich trat die Notwendigkeit von Nachhaltigkeit und Umweltschutz in Bolivien zutage, wo stinkende Lastwagen sich die Berge hoch quälten, wo Flaschen und Plastik achtlos weggeworfen wurden, wo Infrastruktur fehlte und wo die internationalen Konzerne wie die Igel den Hasen überlisteten, immer schon da waren und ihren Gewinn machten. Auch hier hieß es, „Kenntnis nehmen", der Zerstörung der Umwelt Einhalt gebieten. Das hieß, um die eigene Ohnmacht zu wissen, sein Mittun nicht abzustreiten, den eigenen Fußabdruck, wo möglich, zu reduzieren. Es hieß auch und vor allem, die Widersprüche nicht zu leugnen.

In Colloma ist es auch nicht besser

„Welchen Eindruck hast du von unserer Arbeit gewonnen?", wollte Francisco beim Gespräch am nächsten Morgen wissen.

Ich begann mit ein paar anerkennenden Worten, kam dann aber sofort zur grundlegenden Kritik.

„Handwerkliche Bildung fehlt. Die ganze Ausbildung in der Schule und auch in den Internaten ist zu theoretisch. Nur bei der Landwirtschaft bekommen die Jugendlichen praktische Kenntnisse. Eigentlich sollte ein Handwerker oder eine Handwerkerin zusammen mit den Kids die notwendigen Arbeiten im Internat durchführen und sie darin unterweisen. Wenn Schlosser, Elektriker, Klempner, Tischler oder Schreiner, ein mit der Nähmaschine Vertrauter oder ein anderer Techniker oder eine Technikerin mit jeweils einer kleinen Gruppe der Jugendlichen anfallende Arbeiten verrichten und ihnen dabei die Grundlagen der Einrichtung und Erhaltung von häuslicher Infrastruktur zeigen könnte, so würde das vielen der jungen Leute sehr nützen, viel mehr als theoretische Kenntnisse, die zudem am bürgerlichen Bildungsideal eines vergangenen Jahrtausends in Europa orientiert sind."

„Wir geben doch Unterricht in Landwirtschaft", wandte Francisco ein.

„Ja, die landwirtschaftliche Produktion funktioniert in den Internaten sehr gut. Das müsste auf alle anderen in den Zentren anfallenden Arbeiten übertragen werden. Ich habe in Qachari Jungen und Mädchen beim Backen und Kochen gesehen. Das ist eine gute Grundausbildung für ein späteres selbstgestaltetes Leben." Wieder erzählte ich von der Bäckerei in Sucre und der Alpaka-Verarbeitung in Peru. „Und dazu gehören dann auch die anderen Qualifikationen – Kalkulation und Buchführung."

Francisco nickte zustimmend, sein Gesicht legte sich dabei trotzdem in zweifelnde Falten. Es war deutlich, dass er über eine Lösung nachdachte, die Umsetzung aber schwierig schien. Das Fehlen von handwerklicher Tradition in Bolivien bedingte ein Durchgewurschtel, man griff zu notdürftigen Lösungen, es fehlte die solide Ausführung und eine Verantwortlichkeit für die Arbeit. Als die Spanier das Land eroberten, fanden sie Bauern, Krieger, Läufer und eine religiöse Oberklasse vor. Sie holten die Schätze aus den Bergen, an einer Entwicklung der Menschen oder des Landes waren sie nicht interessiert; die Reichtümer wanderten nach Europa und Nordamerika und tun das weitgehend noch heute. Für die Nachfahren der Spanier, die Kreolen, sind die Länder Südamerikas seit mehr als vierhundert Jahren ebenfalls Heimat. Leider brachten auch sie keine handwerkliche Tradition mit, es waren Abenteurer und Gescheiterte, die eine Mine ausbeuteten und dafür die Eingeborenen wie Sklaven behandelten. Der Konflikt zwischen ihnen und der indigenen Bevölkerung bricht immer wieder auf und eskaliert gerade mit den angefochtenen Wahlen und einer Interimsregierung.

Zehn Tage lang sollte ich noch meinen kleinen Beitrag zur Entwicklung des Landes leisten, die Besuche der CEAs Colloma und Toracarí standen noch an. Ich hing einen halben Tag lang ohne Beschäftigung im Büro von K'anchay – wieder so eine verlorene Zeit, in der ich mich unruhig-unbehaglich fühlte. Nutzlos stand ich dabei, als der Laster mit vollen Gasflaschen, Kartons mit Milchpulver und Thunfisch in Dosen, mit Margarine und Marmelade, mit Säcken voller Äpfel und Tomaten für die beiden Internate beladen wurde. Mein Koffer, die Plastiktasche und die Begleitkiste kamen auf die Ladefläche. Die anderen waren beschäftigt, ich wurde nicht gebraucht, stand höchstens im Weg. Nach Stunden der Untätigkeit ging es doch endlich los! Nein! Noch ein Stopp: Marcello brauchte noch einen Beutel Coca-Blätter für unterwegs.

Sechs Stunden sollte die Fahrt dauern. Bis zur Abzweigung von der Nationalstraße 4 ging es recht zügig voran, später kamen wir wegen eines Gewitters und des nachfolgenden heftigen Regens die überfluteten Serpentinen nur langsam hinauf und hinunter. In Sacaca, dem letzten Ort vor den nächsten Streusiedlungen, bekamen wir ein Abendessen, bestehend aus Pommes, Reis und einem knusperig gebratenen Hühnchenschenkel, dabei erzählten die Einheimischen von Überschwemmungen, die Straße nach Colloma sei überflutet und unpassierbar, irgendwo habe es einen Erdrutsch gegeben. Es war spät, dunkel und regnerisch, die Ausweichstrecke führte über Vila Vila, so blieben wir für die Nacht dort. Tapfer ertrug ich erneut die Kälte in der Höhe, die Nässe, die Ungemütlichkeit der gestapelten Matratzen, kroch in meinen Schlafsack, beklagte den sinnlos verbrachten Tag, fiel in einen wirren Traum und erwachte nach wenigen Stunden. Nach einem heißen Kaffee brachen wir über eine Nebenstrecke auf. Marcello kannte als ehemaliger Fahrer eines Rettungsfahrzeugs auch diesen Weg. Er führte in drei Stunden über eine Hochebene, über einen Kamm, im letzten Drittel über die vielen Kurven fast zweitausend Meter ins Tal hinunter. Wolkenfetzen drifteten auf gleicher Höhe mit dem Weg, nahmen die Sicht und manchmal lagen die regenschweren Wolken auch unter uns.

Wieder begegneten wir sonderbaren Bergformationen, viele Arten von Blüten hatte die Erosion in die Wände der Cañons gezaubert, wunderliche Felsgestalten säumten den Weg. Angesichts der Natur kehrte meine gute Laune zurück, war ich guten Mutes, fast hätte ich gesungen.

Wolkenfetzen unter und neben uns

Ankunft im Colloma, der nächsten CEA von K'anchay. Aber, ach! In Colloma war alles so lieblos wie in den bisherigen Zentren – oder war es noch schlimmer? Die Gardinen hingen traurig halb herunter, der Wasserkasten an der Toilette war kaputt, der Schwimmer funktionierte nicht, der Abfluss war voller Haare und Seifenschmutz, die Türen schlossen nicht, die Fenster konnte man nicht öffnen. Oma, wo bist du mit deinem „heil und sauber"? Ich schloss die Augen und sagte mir: Ich arrangiere mich! Ich ertrage es! Ich muss diese Unordnung nicht verstehen! Ich habe kein Recht, die Unsauberkeit zu kritisieren. Und dann kam die Gebetsmühle: Verfügte ich doch über mehr handwerkliche Fähigkeiten! Könnte ich doch zuerst einmal das eine oder andere reparieren! Aber ich hatte keine derartigen Kenntnisse, hatte auch kein Werkzeug und schämte mich, den Leiter mit meinen Ansprüchen zu konfrontieren. Im nächsten Leben werde ich ein Handwerk lernen!

Mit einem schmutzig-speckigen Wischlappen und viel Papier säuberte ich notdürftig die Dusche und den Abfluss, beerdigte die toten Fliegen von der Fensterbank, bekam das Fenster mit ein bisschen Gewalt sogar auf und richtete mich in Ermangelung weiterer Gerätschaften wieder einmal fatalistisch ein. Ein Plakat an der Wand „Mein geliebtes Nord-Potosí" zeigte Detailbilder der

Fenster und Spiegel in Colloma

schönsten Orte im Sonnenschein, der morbide Charme hinter den Glanzfotos war zu ahnen – die kleinstädtischen Strukturen um die Kirche herum, die den Spaniern zur Missionierung der Einheimischen notwendig erschienen war, wenn sie sie schon als billige Arbeiter in den Bergwerken einsetzten und ihnen Gläubigkeit anstatt Entwicklung brachten. Ich inspizierte weitere Räume. Im Schlafsaal der Mädchen hingen die wenigen Kleidungsstücke einfach und sauber gefaltet über den Stangen am Fußende der

Metallbetten. Im Schlafsaal der Jungen sah es verwahrlost aus. Kreuz und quer standen einige Doppelstockbetten, schienen nicht an ihrem Platz verweilen zu wollen, eines lag zusammengebrochen vor dem Eingang, Kleidungsstücke und Mützen lagen auf dem Boden, Fächer oder gar Schränke gab es nicht. Die Jugendlichen besaßen das, was sie am Leib trugen, der kleine Beutel mit persönlicher Habe, zum Beispiel der Zahnbürste, war am jeweiligen Bettpfosten aufgehängt. Weitere Bettruinen und ein paar zerbrochene Stühle ergänzten die Einrichtung. Inzwischen kroch die Dämonin der Sinnlosigkeit wieder in meine Eingeweide. Was konnte ich hier ausrichten? Welche Türen konnte ich für die Lehrkräfte, für die Schüler aufstoßen? Ein weiterer Saal war offensichtlich der Studien- und Versammlungsraum, eine alte Karte mit dem Skelett des Menschen war die einzige dem Unterricht dienende Ausstattung, hinter einem Vorhang verstaubten ein paar alte Computer. Wackelige Stühle und Tische, ausgemustert aus irgendeiner Privatschule in Spanien oder Belgien, als milde Gabe an das Entwicklungsland verschenkt, dienten dem Unterricht. Werkstätten, dachte ich, in denen Möbel hergestellt und repariert werden, in denen Handwerk vor Studium käme, ja, das wäre schön! Du bist hier, um die literarisch-akademische Ausbildung nach europäischem Vorbild zu verbessern, schalt ich mich erneut. Punkt! Als nächstes inspizierte ich das Büro. Unter dem Staub fand sich ein unübersichtliches Durcheinander. Leoncio, der Leiter, und eine der Assistentinnen suchten etwas, sie packten Papiere von einem auf den anderen Stapel. Alles kam ins Rutschen, Hefter landeten auf dem Boden, Leoncio packte es gelassen wieder auf den Stapel. Es mangelte auch hier an Sauberkeit und Komfort. Dennoch schien Colloma ein friedlicher Ort zu sein, eine Oase fernab von Effektivität, Vanitas und ständigem Ranking.

Leoncio kannte mich aus der ersten Woche in Vila Vila, er begrüßte mich herzlich. Die Küchenfreundin Ana war ebenfalls in Vila

Vila gewesen, sie umarmte mich mit Tränen in den Augen. Die Assistentin Luiza und die anderen Mitarbeiterinnen und Mitarbeiter freuten sich über mein Kommen.

Die Küche in Colloma

Colloma liegt in einer Höhe von zweitausenddreihundert Metern, das hatte ein moderates Klima versprochen; es lag so hoch wie Arequipa, wo ewiger Frühling herrscht. Zu meiner großen Enttäuschung war es auch hier kalt und feucht draußen und ungemütlich im Zimmer. Wieder floh ich in die Küche, wo die Gaskocher für ein bisschen Wärme sorgten, wo ich heißes Wasser für einen Nescafé bekam. Mein Blick erfasste die Einrichtung: Zwei große offene Gasbrenner, zwei riesige Kessel, in denen für die fünfzig Bewohner des Zentrums gekocht wurde, an der Wand ein Regal mit fünfzig Blechschüsseln, fünfzig Blechtellern, fünfzig Plastikbechern und ein Behälter mit fünfzig Blechlöffeln – das war die praktische, platzsparende Ausstattung. „Wer einmal aus dem Blechnapf frisst …" – die Metapher von Fallada für das Gefängnis bekam hier eine andere Anmutung, hier war der Blechnapf die Chance für den Aufstieg in eine andere Welt.

Von der Decke hingen große Kellen, im Hintergrund standen ein Marmeladentopf und eine Zuckerdose. Das ganze Ambiente war eine Nachhilfestunde in Bescheidenheit. Gespräche, ironisches Geplänkel, kleine Berichte – entspannt saßen die Menschen während der Mahlzeiten und Pausen zusammen, bis sie wieder an eine der meist landwirtschaftlichen Arbeiten gingen.

Kiosk auf dem Marktplatz

Wieder zur Untätigkeit verdammt! Ich seufzte und ging auf Erkundungstour. Gleich vor dem Zentrum lag ein zentraler Platz, eine Art Marktplatz, zementiert und mit ein paar Basketballkörben. Die Hauptstraße war zwar nicht asphaltiert, galt aber als „befestigt", man ertrank nicht im Schlamm wie in Qachari. An einer Seite des Platzes stand seltsam fremd eine Kate aus gebrannten Ziegeln, die hatte sich eine Familie errichtet und aus der heraus verkaufte eine Frau Süßigkeiten an die Jugendlichen des Internats. Auch andere Häuser am Rande des Platzes boten aus geöffneten Türen irgendwelche Kleinigkeiten an. In einer der Haustüren saßen ein paar ältere Leute und grüßten neugierig zu mir herüber. Hier fiel jeder Fremde auf, soziale Kontrolle fand statt. Die weiteren Wege waren matschig, sie wurden von schmutzig-grauweißen Lehmhäusern gesäumt. In einer Reparaturwerkstatt bastelte jemand an einem Moped. Eine Kirche mit niedriger Tür schien nicht auf Besucher zu warten, der Glockenturm daneben war im unteren Teil zugewachsen, die Glocke hing hoch oben, vergebens lauschte ich an diesem und den folgenden Tagen dem Ruf zum Gebet, obwohl die Glocke sicher funktionstüchtig war. Was Christentum oder Gott oder Glauben hier in den Bergen bedeutet, fragte ich Leoncio, und auch nach den Apus, den Berggeistern. Der Begriff „Apu" war ihm unbekannt, er sprach von der Pachamama, der Mutter Erde. Man ist eher auf den Segen der Mutter Erde angewiesen als auf eine fremde Gottheit. Und so verbindet sich mit dem christlichen Gott oder Jesus eher etwas Ethisch-Moralisches, also ein Überbau, mit der Mutter Erde dagegen das Bewusstsein, von ihr abhängig zu sein. In Bolivien ist der katholische Glaube die offiziell vorherrschende Konfession, doch hinter den christlichen Festen verbergen sich die landwirtschaftlich geprägten Rituale mit Sonnen- und Mondwechseln, den Jahreszeiten, der Aussaat und der Ernte. Die „Achachila" sind in den Bergen wohnende Gottheiten, die für Wind, Regen, für Trockenheit und für die Ernte angerufen werden und denen man für die Erträge des letzten Jahres dankt. Die Geister der Verstorbenen spielen ebenfalls eine große Rolle. Sie sind anwesend im Leben der Nachkommen, blicken auf sie und helfen ihnen im Lebenskampf. Mir fielen meine Vorfahren ein, die beiden Omas, ich erinnerte mich an die Liebe der einen, die Schnödigkeit der anderen und an den Opa mit dem Schrebergarten, dem Obst und seinem selbstgebrauten Schnaps, an ihre Aufrichtigkeit und Einfügung in den täglichen Lebenskampf. Ich dachte an die Genügsamkeit in meiner Familie und immer wieder an ihre Liebe, diesen Reichtum hatten sie mir mitgegeben. Mein Herz war voller Dankbarkeit.

Auf dem Platz begegnete mir eine Schar kleiner Kinder, begleitet von zwei Damen, die sich als die Erzieherinnen dieser Kinder vorstellten und mich einluden, den Kindergarten direkt neben dem K'anchay-Zentrum zu besuchen. Einige Schritte weiter kam ein mit Stoffhose, Hemd und Pulli gut gekleideter Mann den Weg herauf. Er stellte sich als Geografie-Lehrer an der Sekundarschule vor, lud mich in die Schule ein und fragte nach didaktischem Material. Ich versprach, am nächsten Nachmittag zu kommen, würde ihm jedoch kaum helfen können, denn ich hatte weder Weltkarten noch anderes Material für den Unterricht mitgenommen. Ich würde Francisco bitten, den nächsten Einsatz – wer auch immer ihn durchführen sollte – mit den Schulen zu koordinieren, damit Unterricht von Internat und Schule verzahnt werden konnten. Beim Schlendern durch das mittelalterlich anmutende Städtchen entdeckte ich in einem lang gestreckten Haus mit einer erstaunlich kleinen Tür in der Mitte die Gemeindeverwaltung, ein paar Sonnenkollektoren auf dem Dach verrieten das 21. Jahrhundert. Trotz der alten Menschen in der Tür, trotz des kleinen Kioskes auf dem Platz und trotz eines an einem Moped bastelnden Mechanikers ein paar Häuser weiter verharrte das Städtchen wie tot unter dem bedeckten Himmel.

Zurück im Zentrum entwarfen Leoncio und ich Pläne für meinen Einsatz.

„Ich kann heute mit den fünfzehn Mädchen ein Seminar über deren Lebensperspektiven durchführen und morgen mit den Jungen."

Leoncio schaute fragend: „Nur die Mädchen und nur die Jungen? Das widerspricht dem koedukativen Prinzip."

„Nein, das finde ich nicht. Für die Mädchen hat die Lebensplanung wegen einer möglichen Schwangerschaft eine andere Bedeutung als für die Jungen. Es gibt eine hohe Zahl von Teenager-Schwangerschaften, man muss mit den Mädchen anders als mit den Jungen über die Gender-Frage, über Diskriminierung, über Gleichheit, Unabhängigkeit und Partnerschaft sprechen, auch Gewalt und Verantwortung möchte ich geschlechtsabhängig diskutieren. Auf jeden Fall will ich mit den Mädchen die Frage der Unabhängigkeit vom Einkommen des Mannes erörtern." Leoncio war einverstanden.

Am Nachmittag tobte ein heftiges Gewitter. Das ungemütliche Licht der einsamen energiesparenden Deckenbirne, ohnehin nicht wirklich hell, verdüsterte sich weiter, zeitweilig fiel der Strom aus. Blitze krachten und erleuchteten die Armseligkeit des Zimmers; als meinten mich die Götter persönlich, zuckte ich jedes Mal erschreckt zusammen. Wütend peitschte der Regen ans Fenster, die Wassermassen verwandelten das Zentrum in eine Fangolandschaft.

Auf dem Weg zum Unterricht durch Schmutz, Wasserlachen, Dreckspritzer an der Kleidung wuchs meine Stimmung wieder einmal in Richtung Sarkasmus. Mit meinem Schirm drückte ich mich an der Hauswand entlang zum Essraum, wo die Mädchen, die Jüngste zehn, die Älteste siebzehn Jahre alt, versammelt waren. Sie ergänzten die Mindmap „Meine Zukunft" mit all ihren Erwartungen zu Karriere und Familie, zu Freundschaften und Feiern. Sie entwarfen Pläne, Visionen, Möglichkeiten, die Volontärin Luiza und die Erzieherin Amelie unterstützten die Mädchen bei ihren Überlegungen. Im zweiten Teil „Visionen – Realität – Kreativität" erörterten die Mädchen, was geschieht, wenn sich die Wünsche nicht umsetzen lassen, wenn der Eintritt in die Uni nicht gelingt, wenn niemand das Geld für das Studium aufbringen kann, wenn unerwartet die Liebe dazwischenkommt. Die Mädchen äußersten Ideen, was sie tun könnten und wie sie ihre Ziele verwirklichen könnten, wenn ihr Wunschweg sich versperrt zeigen sollte. Es entwickelte sich ein für alle kurzweiliges Gespräch. Ein Mädchen namens Maxima wollte gern eine berühmte Fußballerin werden und Tiermedizin studieren. Selbstbewusst trug sie eine kleine eigene Erzählung vor. Andere saßen etwas bedrückt auf ihren

Plätzen, Zweifel ob ihrer unsicheren Zukunft standen in ihren Augen. Nach dem offiziellen Ende des Unterrichts diskutierte ich mit einigen der Mädchen weiter.

Die Tage und Abende waren in allen Einrichtungen von K'anchay gleich strukturiert. Bei den Spielen am Dienstagabend tönte auch in Colloma bald fröhliches Lachen aus dem Gemeinschaftsraum. Wie sich doch die Jugendlichen weltweit gleichen!

Früh am nächsten Morgen stand das gleiche Zukunftsthema mit den achtundzwanzig Jungen auf dem Programm. Leoncio hatte offenbar die Jugendlichen nicht entsprechend instruiert, denn einige verschwanden in einem anderen Gebäude. Zu diesem „Studienraum" führte eine wackelige Holzleiter über einen schmalen Steg in einen niedrigen Adobebau ohne Fenster, es war kaum als Haus zu bezeichnen und nur durch die offene Tür drang etwas Licht in den Raum. Ein weiteres für Studienzwecke vorgesehenes Zimmerchen war als Abstellraum zweckentfremdet und offenbar noch nie zum Lernen benutzt worden. Nur ein wenig technischer Einsatz hätte leicht einen weiteren Unterrichtsraum schaffen können. „Handwerk!", stöhnte ich zum wiederholten Mal. Nun sollte ich doch wieder im Essraum unterrichten, aber da hatten schon einige Mädchen ihre Aufgaben ausgebreitet und ein paar Jungen rückten mit ihren Kästen an, in denen sie die Hefte für die *lectura* mitbrachten.

Mit Leoncios Hilfe sortierten sich die fünfundvierzig Jungen und Mädchen, im Raum blieben dreißig Jungen zwischen zehn und achtzehn Jahren. Für die Kleinen war das Programm eine Überforderung, es war aber kein anderer Ort vorhanden, um sie mit einem anderen Thema zu beschäftigen, den großen Studienraum und den kleinen Adobeverschlag hatten jetzt die Mädchen belegt. Irgendwann begannen wir die Vorstellungsrunde – die meisten Jungen murmelten noch verschüchterter ihre Namen und Herkunftsgemeinden als am Vortag die Mädchen; ich war bestürzt und verärgert über dies devote Verhalten und gab ihnen Hinweise zur selbstbewussten Präsentation: „Ich heiße Soundso, ich komme aus der Gemeinde XY" usw. Noch einmal die gleiche Runde und immer wieder hörte ich mich: „Bitte laut! Woher kommst du?" Die Unterdrückung über Jahrhunderte hatte sich tief in das Bewusstsein dieser Kinder gegraben.

Workshop mit Schülern in Colloma

Auch die Jungen sollten Ideen zu ihrer Zukunft sammeln, aber die meisten hatten sich noch keine Gedanken darüber oder über eigene Pläne und Visionen gemacht. Eine Gruppe älterer Jungen mit offenen Gesichtern fiel auf, einer von ihnen wollte professioneller Musiker werden, ein anderer Arzt, zwei weitere wollten auch studieren, waren sich aber über das Fach noch nicht im Klaren. Ein paar Jüngere schrieben etwas, ein Wort auf eine Seite. Dann gefiel ihnen das Geschriebene nicht und sie zerknüllten oder zerrissen das Blatt. Sie lernten etwas über den sparsamen Umgang mit Ressourcen, setzten es aber nicht in die Praxis um. Wahrscheinlich hatten sie Heft und Stifte geschenkt bekommen und kein Gefühl für die knappen Ressourcen entwickelt. In meiner

Nachkriegskindheit musste ich jedes Heft auf jeder Zeile beschreiben, gerieten die Buchstaben zu groß, wurde ich zum Platzsparen ermahnt.

Fragen zu Deutschland oder zu meiner Person wurden zurückhaltend aufgenommen und beantwortet, das war mit Sicherheit auch der frühen Stunde und ihrer Müdigkeit vor dem Frühstück geschuldet. Bei mir stellte sich wieder das Gefühl des Scheiterns ein. Nur den Älteren hatte ich vielleicht ein paar Gedanken mit auf den Weg geben können, wenn auch nicht so effektiv wie am Vortag bei den Mädchen.

Sonnenschein, Wärme. Ach, wie gut das tat nach dem gestrigen Gewitter. Ein Spaziergang führte mich einen mit vielen Pflanzen und Kakteen überwucherten Weg in den Cañon hinunter zu einem Nebenarm des Flusses Colloma. Interessante Blüten, vor allem die winzigen der „cantua buxifolia", der Nationalblume Boliviens, stachen mit ihrem intensiven Rot hervor. Abgestorbene Kakteen, auf denen sich Ableger gebildet hatten, und stachelige Büsche wuchsen am Weg, ein würziger Duft und der Gesang exotischer Vögel füllten die Luft und erquickten die Sinne – es war ein zeitloser Moment, leise trällerte ich ein Liedchen vor mich hin.

Auf dem Rückweg entdeckte ich das Gesundheitszentrum gleich oberhalb der K'anchay-Gebäude. Adelia, die leitende Ärztin, zeigte stolz die Einrichtung. Es handelte sich um ein mit allem Notwendigen ausgestattetes integriertes Gesundheitszentrum. Adelia informierte mich über den Erlass der Regierung, dass alle Menschen in Bolivien kostenlosen Zugang zur Gesundheitsversorgung haben sollten, man müsse sich nur registrieren lassen. Leider hätten sich noch nicht alle Familien eingetragen, aber hier in Colloma doch die meisten. Sie zeigte die kleine Abteilung für kranke ältere Menschen und den Raum für Geburtshilfe: „Die Frauen können auf dem Hochstuhl gebären oder traditionell auf dem Boden hockend." Es gab eine Abteilung für Impfungen und einen Raum mit einer Sammlung medizinischer Heilkräuter. Ich fragte nach der Anzahl der Geburten. „Früher haben die Frauen zehn, manchmal elf oder zwölf Kinder geboren", erzählte Adelia, „heute bleibt es bei drei, manchmal vier Kindern."

Blitzsauber war alles und ich dachte, wenn es hier gelingt, alles funktionstüchtig, heil und sauber zu halten, warum dann nicht im Internat von K'anchay? Warum kann dort nicht auch der Wasserkasten repariert, die Tür abgeschliffen werden? Eine Beobachtung, die ich vor Jahren schon in Peru gemacht hatte: Was kaputt ist, wird irgendwie zusammengefummelt, es fehlt das Bewusstsein um das Konservieren und die Werterhaltung. Nachdem ich die Einrichtung hinlänglich bewundert und gelobt hatte, zeigte mir Adelia den Friedhof des Ortes direkt hinter den Gebäuden von K'anchay. Es war ein verwildertes Gelände, auf dem Metalltafeln an schlichten Metallkreuzen aus Eisen herausragten und an die Verstorbenen erinnerten. Manche Gräber hatten einen Schrein aus Lehmziegeln – ein Totenhaus, das auf einen gewissen Wohlstand hinwies. Kränze aus leuchtend blauen Kunstblumen und frische Blumen schmückten Kreuze und Aufsätze, sie zeigten an, dass die Toten nicht vergessen waren.

„Wie und wodurch wird sozialer Wandel möglich? Wie entwickelt sich aus primitiver Landwirtschaft eine mit technischen Hilfen arbeitende? Und wie kann man die Gebäude und die Einrichtung des Internats verbessern?" Zurück auf dem Hof von K'anchay befragte ich Leoncio.

Ein Schulterzucken und ungläubiges Staunen: „Was fehlt denn? Es geht doch alles! Du bekommst dein Essen, hast ein Bett, hast Wasser und Nescafé und Zucker und Kekse in deiner Box."

Ich stöhnte leise, fühlte mich unverstanden mit meiner Forderung nach Sauberkeit, Reparaturen und der Übernahme von allgemeiner und politischer Verantwortung. Als Zielvorstellungen standen sie im Leitbild von K'anchay, nur wurden sie nicht sichtbar praktiziert. Das konnte auch daran liegen, dass das Schuljahr gerade erst begonnen hatte.

Im Hof wurde gerade der Wagen mit Setzlingen bestückt, Eukalyptus-Schösslinge und Pinien sollten auf einem Gelände oberhalb des Ortes ausgepflanzt werden. Es war ein ruhiger Nachmittag, die Jugendlichen hatten allerhand Arbeiten in den Zimmern und auf dem Grundstück zu verrichten. In der Pause saßen sie friedlich schwatzend auf einem Mäuerchen und auf Strohsäcken, ihre Maismilch in der Hand. Als sie fertig waren, gingen sie grüppchenweise zum Sport auf das mit rotem Wellblech überdachte Feld bei der Schule oder fuhren mit dem Wagen zu Aufforstungsarbeiten.

Ana und Leoncio auf dem Feld

Leoncio und die Köchin Ana warteten begierig darauf, mir den Gemüseanbau des Zentrums zu zeigen, und führten mich hinter dem großen Waschhaus herum in die Felder. Stolz zeigten sie auf die Parzellen mit Mangold, Kohl, Bohnen, Kartoffeln, Möhren, Kürbis, Quinoa und das Treibhaus.

„Das Gemüse und das große Maisfeld sichern die Grundversorgung unseres Zentrums. Und hier steht die Milchkuh", zeigte Leoncio und verweilte dann bei einem gut gemästeten Schwein.

„Wir haben zwei Schweine und da drüben sind die Kaninchenställe. Die Hühner laufen dazwischen frei rum. In den Treibhäusern züchten wir Gurken, Tomaten und Kräuter, auch Weintrauben wachsen hier und an den Rändern der Felder stehen Eukalyptus- und Pfirsichbäume.“

Beeindruckt bewunderte ich die Vielfalt und landwirtschaftliche Kunst Leoncios und sparte nicht mit Lob. So nachlässig die Unterkünfte, der Essraum und die Studienräume waren – hier war Leoncio in seinem Element, durch und durch ein Landmann gab er sich alle Mühe mit dem Anbau und der Viehzucht. Mir fiel die kleine Geschichte ein, die eine der Gruppen in Vila Vila geschrieben hatte. Darin wollten drei Männer nach Deutschland und überlegten, woher sie das Geld für die Reise nehmen könnten. Einer hatte vorgeschlagen, seine Tiere zu verkaufen. Das musste Leoncio gewesen sein. Ich sah die Ironie dieser Geschichte, denn dieser Landmann würde auf keinen Fall seine Tiere für eine Reise ins Ungewisse verkaufen. In den Pflanzungen, bei der Aufzucht von Setzlingen, in den Kleintreibhäusern, bei allen Arbeiten auf den Feldern war er Fachmann – immer wieder erheischte er Zustimmung und Bewunderung, die ich ihm gern gewährte.

Hinter den Parzellen mit Gemüse und Kräutern fiel das Gelände steil zum Fluss hinunter ab. Das Wasser bildete unter der nahen Brücke einen kleinen Wasserfall, sein Rauschen verhieß: Alles fließt, es gibt keinen Stillstand. Im Wind über dem Fluss glitten ein paar schwarz-weiße Vögel. Mit ihrem stillen Flug und anhand ihrer Färbung konnten es junge Kondore sein. Etwas entfernt vom Wasserfall war die Luft voller Gezwitscher und Schwirren, doch weder Vögel noch Insekten verweilten lange genug an einem Platz, um die exotisch bunten Arten näher studieren zu können.

Blick ins Tal und hinter mir der Abgrund

Am nächsten Morgen gestaltete ich eine Unterrichtseinheit mit allen fünfundvierzig Jungen und Mädchen zur Frage des minimalen Bedarfs eines Studenten bzw. einer Studentin für einen Monat. Hinterher schrieb ein Mädchen die Art der Ausgaben und den angenommenen Betrag auf das notdürftig gereinigte Whiteboard. Die Jugendlichen kamen auf einen Betrag von tausenddreihundertfünfzig Bolivianos (circa zweihundert Euro) pro Person im Monat für Wohnen, Essen, Schul- und Fahrgeld und Hygiene. „Und wie wollt ihr dieses Geld beschaffen? Können eure Eltern diesen Betrag Monat für Monat aufbringen?" Die Kids sollten sich etwas einfallen lassen. Zwischen Schuhe putzen, Kinder beaufsichtigen und Teller waschen nannten sie alle möglichen Hilfsarbeiten. Sie nannten auch das Jonglieren oder Scheibenputzen vor an der Ampel wartenden Autos, die hatte ich in Cochabamba nicht gesehen, aber vielleicht gab es sie noch in La Paz, El Alto oder Santa Cruz? Auf jeden Fall wussten die Kids, dass man mit Dienstleistungen Geld verdienen konnte. Als *jusqueda* als Gelderwerb genannt wurde, lachten alle. Auf meine neugierige Nachfrage erklärten sie, dass es sich um die illegale Ausbeutung einer Mine handelt, davon riet ich dringend ab. Zum Schluss hatte ich keine Bedenken mehr, dass diese Jugendlichen ihre Ziele erreichen könnten, wenn sie sie ernsthaft verfolgten.

„Wir möchten gern auswandern. Vielleicht kann man in Argentinien oder Chile mehr verdienen?", wollten ein paar Mädchen wissen. „Wir glauben es ist besser, im Ausland Arbeit zu suchen." Die Migration kam ihnen wie der Einstieg in ein besseres Leben vor.

„Ein fremdes Land hat viele Herausforderungen und Gefahren. Ihr seid fremd dort, ihr könnt mit euren Sehnsüchten und Wünschen sehr leicht ausgenutzt werden. Manches Mädchen, das sich eine schöne Zukunft ausgemalt hatte, fand sich als Prostituierte in der Abhängigkeit von einem Zuhälter wieder. Oder ihr seid als Aupair-Mädchen angestellt und müsst Tag und Nacht zur Verfügung stehen. Im Ausland habt ihr zunächst keine Rechte. Auf jeden Fall solltet ihr vor einer Entscheidung die Bedingungen in eurem Traumland gut studieren."

„Können Sie nicht noch einige Tage bleiben? Wir möchten mehr mit Ihnen diskutieren."

Wie gern hätte ich diese Gelegenheit ergriffen und mit ihnen weiter nicht nur über Arbeit im Ausland, sondern vor allem über die Rolle der Frau, über hormonelle Bedingtheiten, über Romantik und Sexualität, über Weiblichkeit und Gleichberechtigung gesprochen. Die jungen Frauen waren gerade erwacht und ich könnte ihnen ein wenig Orientierung vermitteln. Bald mussten sie zu anderen Aktivitäten und zur Schule aufbrechen und meine Zeit in der Einrichtung war begrenzt, die angestoßenen Fragen blieben in der Luft hängen. Es erwies sich als Nachteil, in jedem der Internate nur einige Tage zu sein. Und so viele Tage waren ungenutzt verstrichen.

Anita, die Köchin, kam in mein Zimmer und beklagte ihre Einsamkeit. Diese fünfzigjährige gute Frau mit ihrem runden, glatten Antlitz und den kleinen, dunklen Augen jammerte erbärmlich. Ihr noch immer nachtschwarzes Haar wurde mit einem Spitzentuch von der Stirn ferngehalten, die langen Zöpfe hingen über den Rücken hinunter.

„Meine zwei Töchter sind weit weg", seufzte sie. „Ich bin ganz allein, so einsam, ich hab keine Freude."

„Demnächst kommen andere Besucher. Du wirst zu tun haben und dich mit ihnen anfreunden."

Sie wollte sich nicht von meinen Worten trösten lassen, nahm alle frei herumliegenden Gegenstände in die Hand, betrachtete sie nahezu lüstern.

„Das sind aber schöne Ohrringe", begehrlich fasste sie nach dem kleinen Stein mit dem Insekt auf dem Silberbogen. Ich erschrak – ich gab gern und hing nicht an den Dingen, aber dieser Schmuck war ein Geschenk der peruanischen Freundin gewesen.

„Nein, die kannst du nicht haben, aber hier ist ein Armband mit meinem Namen und dieses Bild hier kann ich dir schenken."

Etwas enttäuscht verschwanden die angebotenen Kleinigkeiten in Anitas Rocktasche. Als nächstes nahm sie meinen Koffer und betrachtete ihn von allen Seiten. Sie bewunderte ihn und auch den hätte sie am liebsten gehabt, sah aber ein, dass er noch gebraucht wurde.

„Du kannst mich doch mit nach Deutschland nehmen. Ich kann für dich kochen und dir bei allem helfen", schmeichelte sie; wiederholte, sie werde mich vermissen, mit anderen Gästen sei es nicht so wie mit mir. Als sie gar nicht aufhörte, verwies ich auf die noch zu erledigenden Aufzeichnungen, widerwillig zog sie sich zurück. Immer wieder traf ich Menschen wie sie, die ohne Beschäftigung herumstanden oder saßen. Das war schön, weil kein Druck ausgeübt wurde wie zum Beispiel „Nutze deine Freizeit und Ferien" oder „Lerne eine neue Sprache in einem Monat" oder

„Steuererklärung einfach selbst gemacht". Aber es war auch lästig, weil selbst Notwendiges nicht getan wurde und alles stagnierte. Wenn es genug zu essen und zu trinken gab, war es ja nicht notwendig, sich noch weiter zu entwickeln. Ja, wenn es keine Wünsche gäbe, dann wäre das kein Problem. Aber wo Wünsche geweckt wurden und man sie sich – möglichst ohne Anstrengung – erfüllen wollte, begannen Unzufriedenheit und Probleme.

Am nächsten Tag lud Marcello mich ein, mit an den Fluss Colloma zu fahren. Gern willigte ich ein. Bei der Abfahrt in Colloma waren die Kabeltrommeln, die gestern nutzlos herumgestanden hatten, als Marktstände vor der Kirche aufgebaut. „Hier hält der Bus von und nach Oruro einmal täglich", erklärte Marcello, der mein Staunen richtig gedeutet hatte.

Alfalfa-Ernte im Flussbett

Unten am Fluss, unterhalb der Brücke, gingen Leoncio und ein paar Jungen weit ins bewachsene Flussbett hinein und ernteten Alfalfa als Tierfutter. Marcello fuhr einige Kurven aufwärts, von dort hatten wir einen fantastischen Blick auf die umliegenden Berge, durch die der Fluss sich seine Schlucht gegraben hatte. Beim nächsten Dorf wendete er das Auto. Die vielleicht zwanzig Adobehütten des Ortes, fast alle mit Grasdächern, verschmolzen mit der Landschaft. Hier an der Straße, oberhalb der Häuschen, hatten ein paar Frauen Stände aufgebaut; sie verkauften Getränke und Snacks, Coca und Fanta an die Reisenden, die mit den zwei Bussen aus Oruro angekommen waren oder mit ihnen abfahren wollten. Ich fragte Marcello, der ebenfalls eine Zwei-Liter-Flasche mitführte, warum er dieses Getränk bevorzuge. Er lachte mit seinen vom Coca-Kauen braunen Zähnen und bekannte: „Das weiß ich auch nicht." Immer wieder dieser Widerspruch! Sie informieren sich über gesunde Ernährung und dann trinken sie das Zeug mit viel Zucker.

Die Arbeiten unten am Fluss dauerten an, die Helfer schnitten mit kleinen Sicheln die Pflanzen ab. Marcello und ich machten einen Spaziergang im Flussbett soweit man trockenen Fußes gehen konnte und warteten dann im Schatten auf die Helfer mit der Ernte. Sehr gesprächig war Marcello nicht. Über sich und seine Familie hatte ich ihn schon ausgefragt, über Politik redete er nicht, meine Fragen zur Wahl im Oktober hatte er nicht beantwortet, hatte die Schultern gezuckt, und über Gefühle sprach er schon gar nicht. Nun stand und saß also auch ich nutzlos herum. Zum Mittag fuhren wir mit voller Ladefläche zurück ins Zentrum.

Am Nachmittag wanderten alle Jugendlichen des Zentrums mit Schaufeln und Hacken versehen ein paar hundert Meter den Berg aufwärts. Dort war ein großes Feld mit Kartoffeln vom Unkraut zu befreien und ein weiteres für die Aussaat von Gerste vorzubereiten. Eine gute Weile beobachtete ich, wie die Jungen in langer Reihe gleichmäßig mit ihren Hacken die Erde auflockerten, wie die Mädchen das Unkraut zwischen den Nutzpflanzen herauszogen. Alle hatten zu tun, Geschwätz und Gelächter brandeten hier oder dort auf. Die Bewegung im Freien machte den Halbwüchsigen offensichtlich mehr Spaß als der Unterricht im Klassenzimmer, bei dem ich sie als eher lustlos, vielleicht sogar etwas trotzig-verstockt erlebt hatte. Am Rande des Feldes entdeckte ich eine befestigte Wasserleitung. Zwei Betonmauern fassten den Wasserlauf ein und führten leicht abfallend den Berg hinunter. Schon die Römer hatten so ihre Wasserversorgung aus den französischen Alpen sichergestellt. Hier sah ich das zum ersten Mal, obwohl es nahelag, das reichlich von den Felsen strömende Wasser in den Häusern zu nutzen. Mit Marcello, der Gerät und Setzlinge mit dem Transporter gebracht hatte, setzte ich mich auf den Betonrand.

„Unten am Ortsrand lagen dicke Rohre. Sind die für den Wasseranschluss in den Häusern bestimmt?"

„Ja. Aber sie liegen schon ziemlich lange dort. Niemand weiß, wann sie verlegt werden."

„Von wem wird die Lieferung der Rohre und das Verlegen denn koordiniert?", bohrte ich weiter.

„Das muss die Gemeindeverwaltung machen. Aber manchmal kommt das Material zuerst an und erst später kommen die Rohrbauer und Fachleute."

Ich seufzte wieder einmal. Wie oft ging auch internationale Hilfe ins Leere! Die Entwicklung des Landes war allerorts sichtbar, ging aber nur schleppend voran und wurde nicht immer von den Beteiligten mitgetragen. Marcello erklärte nichts weiter, wir schwiegen. Die Feldarbeit zog sich hin, ich langweilte mich und wanderte lieber durch die Bergwelt zum Fluss hinunter, erfreute mich erneut an den bizarren und farbintensiven mineralischen Formationen und kam zurück zum Zentrum. Dort passte Freundin Anita mich wieder ab und wiederholte ihre Arie von der Traurigkeit ihres Lebens. Eine Weile hielt ich ihre Hand, fand weitere Worte von der guten Situation, in der sie lebte: „Du hast ein Dach über dem Kopf, du hast zu essen, kannst ab und zu eine Fahrt nach Cochabamba machen und immer mal ein Fest mit den Töchtern und Enkelkindern erleben. Weißt du, wie viele Frauen in den Städten es wesentlich schlechter haben als du? Ohne Arbeit, ohne festen Wohnsitz, geschlagen oder vergewaltigt von einem Mann. Sei dankbar, dass du hier in Frieden leben kannst."

Ihre Seufzer nahmen trotz der gut gemeinten Worte nicht ab. Schließlich teilte ich meinen letzten Apfel mit ihr und halb getröstet trollte sie sich schicksalsergeben in ihr Küchenreich.

Die Musikdarbietung mit Tanz am Abend scheiterte an fehlenden Instrumenten. Das Zentrum Colloma war ohne Zweifel das in der Landarbeit am besten organisierte, bei der Pflege der traditionellen Kultur war dagegen Qachari deutlich avancierter.

Flussquerung und noch ein Zentrum: Toracarí

Nach Vila Vila, Qachari und Colloma stand ein viertes Internat auf dem Programm: Toracarí. Ich erwartete eine Wiederholung der anderen drei Einsatzorte, keinen anderen Komfort als in den bisher betreuten Einrichtungen. Doch bevor wir das Zentrum erreichten, wartete ein Abenteuer auf mich.

„Abfahrt sieben Uhr!", hatte Marcello festgelegt. Die für Toracarí bestimmten Pflanzen, Gasflaschen, Lebensmittel und dazu meine Habe waren eingepackt, wir hatten gefrühstückt, ein Stückchen verheißungsvoller blauer Himmel hatte eine gute Fahrt versprochen, aber statt in den Sonnenschein zu fahren, kämpften wir uns durch Regen und Nebel. Wenn die Wolkendecke einmal aufriss, boten sich erneut atemberaubende Ausblicke in die Schründe, Spalten und Abgründe der Berge. Manchmal sah ein Hügel wie ein alter Mensch mit vielen Runzeln aus, dann wieder sprangen phantasievolle und nahezu groteske Felsen hervor. Der Weg wurde immer aufgeweichter und führte mehrmals gefährlich dicht an steil abfallenden Bergwänden entlang. Wir kamen auf die Passhöhe. „Oh!", entfuhr es mir, „was liegt da unten?" Auf der einen Seite ragte steil die Felswand auf, auf der anderen ging es hinunter, zum Glück nicht in eine Schlucht, sondern der Wegrand lief in einem sanft abfallenden Feld aus. Dort hatte sich ein Auto überschlagen und war ein paar Meter unterhalb der Straße liegen geblieben. Drei junge Männer und ein sehr junges Mädchen standen zitternd in der morgendlichen Kälte. Offensichtlich waren alle angetrunken. Das Mädchen torkelte an den Wagen, Marcello kurbelte die Scheibe herunter. Die junge Frau hatte glasige Augen und mit unsicherer Stimme bat sie flehend um Hilfe. Marcello wies mich an, im Auto zu bleiben, stieg aus und ging zu den drei jungen Männern. Nach einem kurzen Wortwechsel half er ihnen, das Auto auf die Räder zu stellen und zum Weg zurückzubringen. Als Dank boten sie Marcello ein Bier an. Das war am frühen Morgen und bei diesen gefährlichen Wegeverhältnissen völlig unverständlich. „Alkohol ist eins der größten Probleme in Bolivien!", Marcello schüttelte den Kopf über so viel Unvernunft.

Verschnürte Lamas

Eine weitere Verzögerung der Fahrt verursachten drei Lamas. Sie lagen auf der Straße, daneben hielt ein Bus, zwei Frauen sahen von einem Hügel aus auf die Szene. Bald war klar, warum die Tiere nicht wichen. Die Beine waren ihnen am Leib festgebunden, sie hatten keine Chance, selbstständig aufzustehen oder wegzukommen. Wie Pakete verfrachteten drei Männer sie in den Gepäckraum des Busses, sicher sollten sie geschlachtet werden. Der Anblick dieser großen Tiere mit ihrem hochmütigen Blick, die hier zur Ware wurden, war schrecklich. Ich esse Fleisch und muss konsequenterweise das Schlachten akzeptieren, aber diese wie Pakete verpackten Lamas rührten ans Herz. Erbarmungslos schoben die Männer die langen Hälse in die enge Kammer des Lastenraumes des Busses. Es schien mir unwürdig, die großen stolzen Tiere dergestalt zu degradieren. Es war ein erschreckend einprägsames Bild.

Blick in die Täler

Im Laufe des Vormittags verzog sich der Himmel immer wieder hinter regenschweren Wolken, kaum konnte man einmal ins Tal sehen. Selten sahen wir die kleinen Orte auf unserem Weg durch die immer unfreundlicher und drohender wirkenden Berge. Ohne

Halt passierten wir La Yastía, Nequeta, Chirocasa, Mayllicota und Sacarí. Auf der Höhe von Huaylloma führte die Straße an zwei blau leuchtenden Lagunen vorbei. Die Wolken rissen gerade kurz auf und gaben die Spiegelung von Himmel und Bergen im kristallklaren Wasser preis. Tief seien die Lagunen, erklärte Marcello, sehr tief, eine sogar bis siebzig Meter. Kaum hatte ich einen Eindruck bekommen, schon zog sich der Wolkenvorhang wieder darüber.

Eine wunderliche, wie Wächter aufgestellte Felsformation bezeichnete die Höhe, bevor die Straße ins Flusstal des Rio Toracarí mit seinen drei Zuläufen hinabführte. Es bot sich ein gewaltiger Ausblick, wie die drei Flüsse weit unten aufeinandertrafen – eine Halbinsel mit dem gleichnamigen Ort Toracarí griff wie eine Zunge in den Zusammenlauf dieser Flüsse, die sich in einem breiten Flussbett vereinten. Ein kurzer Blick ins Tal war möglich und schon verbarg der Himmel die Aussicht wieder, diesmal endgültig.

„Oberhalb des Hauptstroms befindet sich eine Mine", erklärte Marcello. „Im August, wenn kaum noch Wasser von den Bergen kommt und alles für den Bergbau benutzt wird, färbt sich das Wasser dunkelbraun bis rotgiftig."

„Was wird dort abgebaut?"

„Zinn, Kupfer, immer noch Gold, Silber – alles in kleinen Mengen, aber der Bergbau schafft immer noch Arbeitsplätze."

Zum Ort gab es nur den Zugang durch den Fluss. Es gab keinen anderen Weg, weder über die Berge, noch über eine Brücke. In der Nacht hatte es heftig geregnet, der Fluss war stark angeschwollen und hatte Teile des Weges mitgerissen. Wir standen vor dem Strom, es war unmöglich, ihn mit dem Auto zu passieren. Und da kamen von der anderen Seite, vom Ort her, Helfer durchs Wasser gewatet.

„Du wirst auch durch den Fluss müssen", verkündete Marcello. Ich hielt es für einen Scherz, glaubte bis zuletzt, man fände eine Möglichkeit, mit dem Laster den Fluss zu durchfahren.

„Aber du kannst dich tragen lassen."

Getragen zu werden lehnte ich ab, eigenfüßig wollte ich durch die Flut. Die Helfer luden meine Sachen aus dem Auto und boten nochmals an, mich auf den Rücken zu nehmen.

Durch den Fluss

„Nein", schüttelte ich den Kopf, „ich komme allein durch." Die Hosenbeine hochgezogen machte ich mich verwegen auf den Weg, nicht ahnend, wie heftig die Fluten über das Geröll unter meinen Füßen ins Tal strudelten. Da ergriff ich doch gern die Arme von zwei Helfern, die meinen mutigen Versuch mit zweifelnden Blicken beobachtet hatten und mich jetzt bereitwillig links und rechts stützten. Die rollenden Steine des Untergrunds wollten meine Füße mitreißen, unsicher und instabil kämpfte ich mich Schritt für Schritt vor, nur gehalten von den beiden Helfern. Meine Angst wuchs zu leichter Panik. In Gedanken sah ich mich schon mit zerschundenen Gliedern auf eine Sandbank geworfen. Auf früheren Reisen war ich mit dem Jeep durch einen Fluss gefahren, aber nie hatte ich ein so bösartiges Wasser durchwatet – die Querung kleinerer Bäche auf den Wanderungen in Schweden konnte man wohl kaum als ein vergleichbares Abenteuer bezeichnen. Wie so oft half der alte Galgenhumor: „Man hat weder Kosten noch Mühen gescheut, dir auch dieses Abenteuer zu ermöglichen!"

Auf der anderen Seite angekommen, freute ich mich über das unvergleichliche Erlebnis.

Schuhe und Strümpfe hatte ich ausgezogen, barfuß musste ich über den Schotterweg zum Zentrum K'anchay laufen, spitz bohrten sich die Steine in meine Sohlen. Einer der Helfer sah mich hinken, bot seine Latschen an, lief selbst weiter barfuß und trotzdem leichtfüßig mit Gepäck den Berg hinauf, ich folgte langsam mit dem unzureichenden Schuhwerk. Im Zentrum wurde ich herzlich empfangen. Geschafft! Ausatmen! Hinsetzen! Und jetzt? Ein Zimmer? Ein Bett?

Die CEA Toracarí wirkte sauberer als die anderen Einrichtungen. Aber auch hier kämpfte man mit Erde, Lehm und Sand. Sobald es regnete – und jetzt im Sommer, in der Regenzeit, regnete es oft –, wurde brauner Lehm in alle Räume getragen, also lag immer, auch wenn es wieder trocken war, eine Schicht Lehmstaub auf den Böden. Die Toiletten waren Abtritte und da der Boden davor nicht befestigt war, wurde hier noch mehr sandiger Lehm hineingetragen als in die anderen Räume. Zwar wurden die Kabinen jeden Morgen gründlich mit viel Wasser ausgespült, aber da nie ein Sonnenstrahl hineinfiel, blieb der Boden nass und glitschig. Diese stinkenden Örtlichkeiten waren feucht und eklig. Meine Bedürfnisse nach Hygiene und Ästhetik verbannte ich in die hinterste Ecke der Wahrnehmung, schalt mich erneut ein verwöhntes Geschöpf und ertrug es stoisch – man stirbt nicht an primitiven Sanitäreinrichtungen. Nur den eingangs erwähnten Chaplin-Satz: „Wenn man immer da sein will, wo man gerade ist, ist man jederzeit am richtigen Ort" korrigierte ich für dieses Mal: Hier wollte ich definitiv nicht sein!

Das Zimmer, in dem ich schlafen sollte, war vom Schlafsaal der Mädchen nur durch einen Vorhang getrennt. Es war eine Art Lager wie in den anderen Einrichtungen. Nicht gebrauchte Matratzen und Decken warteten auf einen möglichen Einsatz. Zum Hof hin gab es ein kleines Fenster, das sich nicht öffnen ließ, gelüftet wurde durch die offen stehende Tür. Der Geruch nach abgestandenem Schweiß und anderen Ausdünstungen beleidigte die Riechnerven. Auflehnung, Abbruch, zurück durch den Fluss – sinnlose Gedanken! Ich musste durchhalten, mich nicht so wichtig nehmen, froh sein über eine Tasse heißen Tee.

Ich sah mich in der Anlage um. Die Häuser des Zentrums waren ziemlich kompakt um einen rechteckigen Hof herum gebaut. Es gab ein Haus in U-Form mit einem langen Schenkel, dort waren die verwinkelte Küche, das Büro, ein Studiensaal und ein Vorratslager für die Lebensmittel untergebracht, in einem kürzeren Schenkel rechts vom Eingang befand sich der Essraum, gegenüber der Schlafsaal der Mädchen. In der winkeligen Küche gab es kein Fenster, die offen stehende Tür war auch hier die einzige Lüftung, beim Kochen standen die Frauen im Dampf. Den hintersten spitzen Winkel des Raumes nahmen zwei große offene Gaskocher ein, gleich am Eingang war das Regal mit Tellern und Schüsseln aus Blech und den Plastikbechern; ich zählte durch und schloss aus der Zahl, dass auch die CEA Toracarí ungefähr fünfzig Internatsschülerinnen und -schüler aufnahm. Es gab ein paar Teller aus Keramik für Gäste – solche wie mich. Zum Kochen dienten auch hier zwei riesige Kessel, in einem kleineren wurde der Kräutertee zubereitet, der stets die Abendmahlzeit abrundete. Für das kochende Wasser, das ich für meinen Kaffee erbat, gab es noch einen Kessel – und damit war die Ausstattung komplett. Drei Frauen werkelten in diesem Bereich, zwischen den Mahlzeiten saßen sie auf niederen Hockern schwatzend in einem Eckchen. Über dem Büro- und Küchentrakt hatten die Jungen ihre Schlafräume. Aus den Fenstern flog dann und wann ein Papierflugzeug. Am Haus links vom Eingang blickte ich durch eingeschlagene Fensterscheiben in zwei leer stehende verwahrloste Räume. Auf meine Nachfrage erklärte man, dass das Haus dringend gebraucht werde, um weitere Studienräume einzurichten, dass aber die Zustimmung der

Gemeindeverwaltung und Unterschriften unter den Schenkungsurkunden fehlten – lähmender Bürokratismus und fehlendes Geld verhinderten die Inbetriebnahme.

Ein Druck auf der Blase und ein Ziehen im Darm machten die Benutzung der Abtritte unvermeidlich. Derlei Stehtoiletten waren mir keineswegs neu. Bei meinen Reisen durch Südamerika hatte ich noch einfachere Möglichkeiten zur Verrichtung der Notdurft erlebt. Und dennoch dachte ich auch hier wieder: Wasser gibt es doch genug, warum können diese Kämmerchen nicht entsprechende Zu- und Abflüsse und vor allem eine gute Durchlüftung haben? In einem Winkel gab es sogar die Vorrichtung für eine geplante Dusche, die war jedoch nicht benutzbar, weil kein Abfluss installiert war. Zwei Waschbecken für die Körperhygiene und zum Waschen der Kleidung gab es im Freien. Wieder ein mentaler Seufzer: Ehe hier der Fortschritt mit Wasserklosetts und hygienischen Waschräumen ankommt, ziehen die jungen Menschen wahrscheinlich in die Stadt, um dort ihr Glück zu versuchen.

Marcello hatte von seiner Heimatstadt Toracarí geschwärmt: „Der Ort ist viel entwickelter als Colloma oder Qachari." Das erschloss sich mir nicht auf Anhieb. Erst bei einem Spaziergang am nächsten Tag, als ich auf verstreut hingelegte rote Steine trat, realisierte ich, dass ich nicht über Wasserlachen und Rinnsale hangeln musste.

Durch diese „Straßen" gelangte ich auf den zentralen Platz, an dem eine Backsteinkirche mit einem imposanten Glockenturm den Sieg des christlichen Glaubens repräsentierte und auch hier, in diesem letzten Winkel, auf eine von den Kreolen ausgebeutete Mine hinwies. In der Mitte des Platzes weideten friedlich ein paar Schafe, an einer Seite wies ein Schild auf die Gemeindeverwaltung hin, an einer weiteren lud ein großes, sauberes Gesundheitszentrum mit offen stehendem Tor und mit einem Schild „Impfungen kostenfrei" zum Besuch ein.

Kirche in Toracarí

Von allen Seiten hüllten die Berge das Örtchen schützend ein, schotteten es ab gegen die Welt. Eine Telefon- oder Netzverbindung kam nicht über diese Hürden, ein Empfang war nur durch einen Verstärker am Gesundheits- und Gemeindezentrum möglich.

Wie sich dann herausstellte, wohnten hier im Internat in diesem Jahr siebenundvierzig Jungen und Mädchen aus der Gemeinde San Pedro. Einige waren noch sehr jung, im Grundschulalter. Ich war an einem Freitag angekommen. Einige der Jugendlichen blieben an diesem Wochenende im Zentrum. Entweder waren sie zu klein, um allein durch den Fluss zu gehen, oder sie hatten keine Eltern mehr, niemanden, der sich am Samstag und Sonntag um sie kümmern konnte. Am Nachmittag verabschiedete sich der Leiter, Estanio, und übergab die Leitung an einen dünnen jungen Mann namens Santiago. Mit seinem spärlich sprießenden rötlichen Bart am Kinn erweckte er den Eindruck eines

Clowns. Vielleicht wusste er, dass er ein bisschen lächerlich wirkte, spielte deshalb den besonders strengen Erzieher und verlangte ziemlich viel Respekt von den Jugendlichen. Der flexible Einsatz der Erzieher und Lehrer war verwirrend. Octavio, der eigentlich in Qachari hatte bleiben sollen, war in der Mitte der Woche abgerufen worden, in Colloma kamen im Laufe der Woche zweimal andere Helfer, nur die Küchenfrau und der Leiter Leoncio waren beständig dort, hier nun kam Santiago dazu und Estanio verschwand. Wahrscheinlich hatte das mit Einsatzplänen, Arbeitszeiten und Gesetzen zu tun, bedeutete aber für die Jugendlichen und für mich eine ständige Anpassung an die jeweils wechselnden Verantwortlichen.

Wie bei allen anderen Einrichtungen war auch in diesem Internat die allgemeine Ausstattung problematisch für meinen Einsatz. Nur der Essraum und ein ziemlich kleines Studienzimmer standen für den Unterricht zur Verfügung. Ich fand ein verschmiertes Whiteboard, dessen Dimensionen für einen Saal mit über vierzig Schülerinnen und Schülern zu gering waren, es gab abgenutzte Wandtafeln und mit Tafelfarbe gestrichene Wände, aber auch diese Flächen waren zu klein und so zugerichtet, dass das Geschriebene darauf kaum sichtbar war.

Zu meinem Unterricht versammelten sich sechs Mädchen im Essraum. Sie waren sehr scheu, sehr verhalten, sprachen nicht gern, wurden nicht gern angesprochen, verbargen ihre Gesichter. Ich versuchte es mit einer Fingerpuppe, einem kleinen Bären, den ich auf den Zeigefinger stülpte: „Hola, chicas! Ich bin hier, um mit euch zu plaudern. Ich heiße Bärli und komme aus Deutschland. Könnt ihr mir etwas über euch erzählen?" Nein, die schüchternen Mädchen kicherten verschämt in ihre Umschlagtücher und ließen sich nicht zum Reden bringen. Wir bildeten eine kleine Runde um den Laptop und ich versuchte es mit Videos in spanischer Sprache, die sich mit dem menschlichen Fußabdruck, mit Recycling und mit Gesundheit befassten.

Danach war das Eis, wenn auch nicht geschmolzen, so zumindest ein bisschen angetaut und die Mädchen wagten, nach dem Wetter und dem Essen in Deutschland zu fragen. Und wie immer kamen die Fragen nach meinen persönlichen Verhältnissen, dem Alter, den Kindern, den Enkelkindern. Meiner Anregung, über ihre Zukunftswünsche nachzudenken, folgten sie zögerlich. Diese zehn-, elfjährigen Kinder lebten in traditionellen Rollen, folgten den Vorstellungen der Eltern, den Vorteil einer guten Schulbildung erkannten sie noch nicht für sich selbst.

Unterricht mit sechs Mädchen

Der Unterricht mit den Schülern am nächsten Tag verlief interessanter. Zwölf Jungen verteilten sich auf Bänken und Stühlen im Unterrichtsraum, setzten sich auf meine Anregung hin in U-Form um das Whiteboard. Einige verfolgten meine Ausführungen mit geradezu gierigen Augen und Ohren und nahmen die Anregungen auf, über ihre Visionen und Träume für die Zukunft nachzudenken. Einer von ihnen, ein besonders hübscher junger Mann namens Omar, bekannte: „Ich habe vor, Sprachen zu studieren und will später unbedingt im Ausland arbeiten." Er bedankte sich beim Abschied: „Diese Stunde werde ich nie vergessen. Und wenn ich Geld verdiene, kaufe ich meiner Freundin so hübsche Ohrringe wie Ihre!" Ich war gerührt, dachte an die kleine Erzählung von Aitmatov „Der erste Lehrer" und wie viel für einen Einzelnen manchmal ein Zuspruch bewirken kann! Darauf baute ich meine Hoffnung: Einige dieser Jugendlichen würden eine realisierbare Vision entwickeln. Ich verstand diese suchenden, auf die Münze beißenden, die Echtheit prüfenden Adoleszenten, konnte mich gut in sie hineinfühlen, sah ihre Hoffnungen und Ängste, denn einmal war ich auch so unsicher in die Welt aufgebrochen.

Auf der anderen Seite mussten sie angepasst sein, individuelle Ansprüche, wie Jugendliche in Deutschland sie hatten, waren hier fehl am Platz. Mäkeln am Essen würde nichts nützen, es gab kein anderes. Kleine Fluchten waren kaum möglich, wohin sollten sie fliehen? Die einzige Fluchtmöglichkeit war das ständige Coca-Blätter-Kauen, das sie früh anfingen – etwa in dem Alter, in dem in Deutschland die Jungen anfangen zu rauchen, also mit elf oder zwölf Jahren. Wie beim Rauchen, so wirkte auch hier meist das Vorbild der Eltern und der Erzieher. Nicht alle hatten das Geld, die Blätter zu kaufen. Und auch hier blieben nicht alle bei dieser Form der Beruhigung. Alkohol, vor allem bei den Festen, spielte eine große Rolle. Der kleine Flirt am Rande geschah dabei wie überall auf der Welt. Die Mädchen führten ihre Reize vor, die Jungen wussten nicht, wohin mit ihrer aufkeimenden Lust.

Nach dem Unterricht und dem Essen trat ich hinaus in den Sonnenschein. In einer großen Blechschüssel wuschen drei Jungen und zwei Mädchen die Teller und Bestecke. Scherze flogen wie kleine Schmetterlinge hin und her, auf Anspielungen folgte Gelächter und Gekicher. Noch flirrender ging es an den zwei gemauerten Waschzubern zu. Ein paar Mädchen hatten ihre Röcke eingeweicht, ein paar Jungen standen dabei, einer hatte sich auf die Ecke des Mäuerchens gesetzt. Die Blicke wanderten über die Körper, heimlich und verschämt, begehrend. Geduldig stand ein Junge mit Strümpfen in den Händen an der Seite, wartete auf ein freies Becken, ein Mädchen nahm sie ihm ab und tauchte sie in die Lauge, dafür musste er ihr beim Auswringen ihres Rockes und beim Aufhängen auf die recht hohe Leine helfen. Balzverhalten wurde geübt, aber die Kids waren aufgeklärt, sie akzeptierten die gesetzten Grenzen.

Das Essen in Toracarí war keine Überraschung. Es gab immer wieder Reis, Kartoffeln und Salat, abends eine Suppe aus Quinoa oder Weizen; statt der morgendlichen Maismilch machte ich mir Kaffee, aber das trockene Brötchen, das alle aßen, war auch für mich gut genug.

Am Samstag erlebte ich das lebendige Mittelalter. Es war Backtag, die Brötchen für die ganze Woche wurden gebacken. Zuerst mussten die Jungen kneten, kneten, kneten. Der Hefeteig musste an einem warmen Ort aufgehen, danach rissen ein paar Jungen große Stücke ab und formen kleine Bälle mit den Händen – alles wie in Qachari. In den anderen Einrichtungen konnten die kleinen Brotklöße in regulierbare Industrieöfen geschoben werden, das lief hier in Toracarí anders: Ein paar Jungen heizten unter Anleitung von Santiago den Lehmofen an. Zwei Jungen verbrannten Zweige und Äste im Feuer und legten Lehmsteine darauf. Waren die Lehmsteine weiß und heiß genug, holten die Jungen die abgebrannten Zweige sowie die Asche heraus und schoben die flachen Bleche, die *charolas*, mit jeweils zwölf wieder abgeflachten Bällen auf die Steine. Mehrfach musste neu angeheizt werden, bevor alle Brötchen braun und knusprig abgebacken waren. Und wieder schob sich eine Erinnerung ins Bewusstsein. Vor vielen Jahren hatte ich mit Freunden ein Fest in den peruanischen Anden besucht. Für das Fest war der Gemeindeofen genauso angeheizt worden wie hier und alle Frauen hatten ihr Brot zu diesem großen Lehmofen gebracht. Am nächsten Tag, dem Festtag, mussten die Gäste von jedem Brot ein wenig probieren. Das Brotbacken ist

Frauensache, der ganze Stolz jeder Frau liegt in ihrem eigenen Rezept und der individuellen Form ihres Brotes. Und wieder einmal dachte ich: Das praktische Tun muss vor der Theorie stehen, das Schulsystem müsste handwerklicher ausgerichtet sein. Erst wenn Erfahrung durch Tun erworben ist, kann die Abstraktion erfolgen. Erst wenn Kinder geknetet haben, mit Papier gearbeitet, Bausteine zu Türmen gestapelt, wenn sie mit Holz gewerkelt haben, haben sie einen Bezug zu Maßen, Winkeln und Gewichten. In den Industrienationen erwartet man, dass Kinder im Elternhaus oder im Kindergarten spielerisch Grunderfahrungen machen, auf die in der Schule aufgebaut werden kann. Wenn Elternhäuser das nur unzulänglich leisten, müsste die Vorschule Pflicht sein, sonst scheitern viele kleine Menschen an den mangelnden Grundlagen, dachte ich und nahm mir vor, mit Francisco darüber zu sprechen. Das Bildungsgesetz geht auch in Bolivien davon aus, dass die Familie als „Keimzelle des Staates" für die frühkindliche Bildung verantwortlich ist und staatliche Institutionen erst später eine Rolle spielen sollten. Aber Familie? Das war für viele Menschen vor allem die Mutter und hier in den Bergen war diese frühkindliche Bildung auf Landwirtschaft und Viehzucht beschränkt. Ich wandte mich an Noeli, eine Mitarbeiterin, die gerade nichts zu tun hatte.

„Wie denkst du über die Rolle der Frau in der Familie?"

„Die ist unterschiedlich. Es kommt darauf an, ob man auf dem Land oder in der Stadt wohnt. Eigentlich haben die Eltern und deren Vorstellungen den größten Einfluss. In den bäuerlichen Familien müssen die Mädchen früh bei allen Arbeiten helfen. Oft sind sie für die Schafe verantwortlich. Die sind ja Haupternährungsgrundlage für die Familie, neben Kartoffeln, Mais, Möhren, Zwiebeln usw. Wenn ein bisschen Geld übrig ist, können meist die Jungen zur Schule gehen."

„Aber jetzt, mit der neuen Verfassung, hat die Schulbildung doch auch für die Mädchen einen hohen Stellenwert."

„Ja, wenn es Schulen gibt. Aber nicht überall gibt es eine Sekundarschule. Und manchmal sind die Bauernhöfe so weit davon entfernt, dass man den Weg nicht täglich gehen kann. Wenn es ein Internat gibt, so wie die von K'anchay, haben die Schüler Glück."

„Was machen die Mädchen danach?", bohrte ich weiter. „Mit der neuen Verfassung soll auch die Selbstständigkeit der Frauen gestärkt werden."

„Die Entwicklung bleibt schwierig. Die Mädchen haben ja im bäuerlichen Haushalt viel mehr zu tun als die Jungen. Wenn die Eltern eine erfolgreiche Landwirtschaft haben, können die Mädchen auch gut verheiratet werden. Viele werden aber früh schwanger und dann ist die Frage, ob der Vater des Kindes sie heiratet und sie mit in seine Familie nimmt. Wenn nicht, hat sie nur die Chance, in die Stadt zu gehen und vielleicht eine Stelle als Hausmädchen zu bekommen."

„Du hast eine Ausbildung."

„Ja, ich hatte das Glück, dass mein Papa mich ins Internat von K'anchay geschickt hat, dass ich meine Sekundaria abschließen konnte und mit K'anchay die Ausbildung als Erzieherin machen durfte. Ich habe ein Diplom als *técnico medio* und eigenes Einkommen."

„Willst du nicht heiraten? Wie wird es sein, wenn du eine Familie hast? Bleibst du dann zu Hause und bist Hausfrau?"

„Nein. So sind wir in Bolivien nicht. Alle möchten gerne zur Schule gehen und dann arbeiten der Mann und die Frau. Später wollen wir auch Kinder und einen eigenen Haushalt haben."

„Soll der Mann im Haushalt nicht helfen?", bohrte ich nach.

„Doch, schon. Aber es gibt Arbeiten, die der Mann besser kann, und solche, die wir Frauen besser können."

„Welche sind das?"

„Der Mann muss erstens für ein gutes Einkommen sorgen, damit die Frau, wenn sie ein Baby hat – und meistens ist ein Kleinkind da –, keine Sorgen hat. Manchmal ist die Mutter oder eine unverheiratete Schwester da, um auf das Kind aufzupassen."

„Ich habe aber auf den Märkten Frauen mit ihren Babys und Kleinkindern gesehen", fiel ich ihr ins Wort.

„Auf dem Markt haben die Bäuerinnen das Sagen. Traditionell ist es so, dass Mann und Frau, Großeltern und Kinder alle miteinander das Leben teilen. Sie sind füreinander da, bei Krankheit helfen sie sich, jeder übernimmt seinen Anteil."

„Ist das nicht eine sehr romantische Vorstellung? Gilt das heute noch?", ich vermochte es nicht zu glauben.

„Ja, so ist es traditionell. Aus diesem Gedanken, dass jeder seine Aufgabe hat, ergeben sich die Einstellungen. Wenn die männlichen Mitglieder der Familie eher in die Schule geschickt werden als die Mädchen, liegt das auch daran, dass die Männer in der Landwirtschaft nur bei der Vorbereitung der Felder und bei der Ernte gebraucht werden, alle anderen Arbeiten sind Sache der Frauen. Wenn dann die Männer in die Minen gehen, freuen sich erst einmal alle über ein besseres Einkommen. Die Arbeit bleibt aber ganz auf den Schultern der Frauen und dann werden die Mädchen nicht in die Schule geschickt. Man erwartet, dass die Jungen auch in die Minen gehen und so zum Haushalt beitragen. Aber oft gehen die Männer in die Stadt, vertrinken ihr Geld, schwängern eine andere Frau und schon steht die Frau mit der Landwirtschaft da und muss sich allein um alles kümmern."

„Klingt nicht sehr ermutigend, als Mädchen auf die Welt zu kommen." Irgendwie tat sie mir leid.

„Das Leben besteht aus viel Arbeit. Aber wir sind auch fröhlich. Wir haben unsere Frauenrunden, in denen wir uns treffen. Wir feiern die Feste zusammen und bei den Festen trinken wir auch viel Bier."

„Was ist dein Wunsch für die Zukunft?"

„Ich möchte weiter studieren. Wenn ich das Geld zusammen habe, mache ich mein Examen an der Universität und kann dann als Lehrerin arbeiten."

„Wirst du deine Mutter oder deine Schwestern unterstützen?"
Noeli schaute skeptisch.

„Die sind weit weg. Und ich möchte auch Kinder haben und einen eigenen Haushalt. Auf jeden Fall möchte ich nicht von einem Mann abhängig sein."

Das war eine Art Credo: nicht von einem Mann abhängig sein. Die Frauen wünschten sich Unterstützung und Hilfe bei Einkommen und Arbeit, wollten aber selbstständig bleiben. Ich stöhnte innerlich: So vieles war widersprüchlich in Bolivien. Einerseits stellten die Frauen über die Hälfte der Abgeordneten im Parlament, nämlich dreiundfünfzig Prozent, dazu gehörten auch aufgestiegene Frauen der indigenen Bevölkerung[8], andererseits waren sie oft hilflos einer neuen Zeit ausgesetzt.

Vieles in den Bergdörfern war noch sehr traditionell – aber die „moderne" Gesellschaft streckte mit Elektrizität und Mobilität ihre Fühler bis in die entlegensten Gegenden aus.

Ich sollte in den Internaten von K'anchay mehr Verständnis für diese „Moderne" vermitteln. Diese sogenannte Moderne war das Ergebnis einer Industriegesellschaft mit all ihren Implikationen einschließlich der Gender-Diskussion. Mit der neuen Gesetzgebung in Bolivien sollten die Frauen gleichberechtigt sein, aber das meist ausgeblendete Problem war – wie in Deutschland, vielleicht sogar weltweit – die Sexualität. Die ließ sich nicht so einfach in Gesetze und Normen pressen, suchte sich eigene Wege. Die romantische Vorstellung, dass die jugendlich-hormonell bedingte Anziehungskraft der Geschlechter in eine lebenslange respektvolle Partnerschaft münden sollte, blieb ein Wunsch, der sich nicht immer verwirklichen ließ.

Ein großes Hindernis für die Entwicklung der indigenen Bevölkerung ist die Sprache. Deren Kinder wachsen mit Aymara, Quechua, Guaraní und anderen Muttersprachen auf. Spanisch ist

---

[8] Siehe NZZ vom 17.10.2019, Nikole Anliker: „Wie Boliviens Cholas die Macht erobert haben".

die erste Fremdsprache. Die Unsicherheit und Zurückhaltung der Kinder und Jugendlichen liegt oft an mangelnden Sprachkenntnissen. Zwischen theoretischen Kenntnissen – Umweltschutz, Müllvermeidung, Nachhaltigkeit – und dem praktischen Verhalten steht vor allem eine sprachliche Barriere.

Wie sehr ich an die guten Seiten des Internets bereits gewöhnt war, wurde mir in den bolivianischen Bergen bewusst. Ich vermisste es bei der Recherche von Informationen und für Übersetzungen. Wörter nachschlagen, sich Infos zu Flora und Fauna beschaffen und den Jugendlichen anhand von Karten und Bildern manches begreiflich zu machen, das war ohne Netz nicht möglich. Falls ich überhaupt Zugang hatte, waren die Netze zu schwach, die Übertragung zu langsam. Ich konnte zwar dann und wann weltweit kommunizieren, auf die notwendigen Hilfen jedoch konnte ich nur in Cochabamba zugreifen. Am Ende der drei Wochen versagte auch noch der USB-Stick mit Bildern und Videos. Den hatte ich mir mit dem Versuch, die Dateien auf einen anderen Rechner zu übertragen, lahmgelegt.

„Etwas wünschen, etwas haben wollen, bedeutet, sich zum Opfer zu machen. Je weniger man braucht oder wünscht, desto weniger ist man korrumpierbar", hatte ich den Jugendlichen in Vila Vila erklärt. Ich war selbst „Opfer" dieser schnellen elektronischen Verbindungen; Jugendliche, die unbedingt Klamotten einer bestimmten Marke haben wollen, sind Opfer dieser heimlichen Verführer; Alkoholiker sind Opfer ihrer Sucht. Insofern sind auch Frauen Opfer, wenn sie beides wollen – Haushalt und Karriere. Ich stellte mir die Frage: Sind sie mehr Opfer, wenn sie als Hausfrau und Mutter vom Mann oder vom Staat abhängig sind, oder eher, wenn sie ein eigenes Einkommen haben, aber damit die Doppelrolle ausfüllen müssen? Ich fand keine Antwort. Nichts zu wünschen hieße vielleicht, keine Kinder haben zu wollen und auf die Liebe, die in ihnen und zu den Kindern angelegt ist, zu verzichten, diese Liebe zu opfern, womit der Kreislauf geschlossen wäre. Ach, seufzte ich, als Mensch kann man dem nicht entkommen.

Seit der Vertreibung aus dem instinkt- und triebgesteuerten Paradies, seit der Erkenntnis von richtig und falsch, von gut und böse, muss der Mensch sich entscheiden. Es gibt kein Entkommen, es gibt nur ein Abwägen.

Der letzte Morgen in Toracarí brach an. Die Sonne strahlte aus einem tiefblauen Himmel. Meine Rückenprobleme waren nicht verschwunden, gekrümmt taperte ich über den Hof, vorsichtig Fuß vor Fuß setzend, um nicht plötzlich vor Schmerz zusammenzubrechen. Viele Übungen waren nötig, bevor ich aufrecht die Morgengrüße erwidern konnte. Die Schülerinnen und Schüler des Internats waren an diesem Montag vollzählig eingetroffen. Auch das Team war komplett – der Leiter Estanio, die Lehrerin Noeli, die Assistenten Santiago und Philemón –, jetzt begann das Schuljahr. Während der Stunde der *lectura* gab es zwei Gruppen. In einer erklärte Estanio das theoretische Programm für den landwirtschaftlichen Kurs für das vierte, fünfte und sechste Schuljahr der Sekundarschule. In einem anderen Raum waren die Kleineren mit individuellen Studien beschäftigt, Philemón versorgte eine kleine Gruppe mit Rechenaufgaben. Aber, oh je! Da waren Zahlen kreuz und quer geschrieben, die Eins und die Sechs nach dieser oder jener Seite geneigt, die Sieben nicht von der Eins, die Fünf nicht von der Drei zu unterscheiden. Zwei kleine Mädchen, die Zahlen in Buchstaben ausschreiben sollten, taten das mit kaum entzifferbaren winzigen Kritzeleien. Jetzt sah ich, was zu tun wäre! Hier fehlten Grundlagen. Wie sollten die Kinder sich später in ihren Aufzeichnungen zurechtfinden? Ja, wollte ich sagen, du hast geschrieben, aber jetzt schreib es nochmal, mach es schön und leserlich. Und das System des Bündelns, das Zehnersystem, das Zusammenzählen von Einern, Zehnern, Hunderten hatten die Kinder nicht verstanden. Das war mir schon am Vortag deutlich geworden, als die Größeren überlegen sollten, wie viel Geld sie monatlich brauchten, wenn sie studieren wollten. Auch da hatten die Kids die Einheiten wild hingeschludert, unleserliche Zahlen und ohne die Stellen zuzuordnen. Und das waren Schüler der fünften und sechsten Sekundarschulklasse, also solche, die in ein, zwei Jahren ihre Prüfungen für den Eintritt in eine Universität machen wollten. Was könnte man hier tun, damit die künftigen Studenten ein internationales Niveau erreichten? Ich dachte im Konjunktiv: Müsste, könnte, sollte, was wäre gut? Eigentlich lehne ich Möglichkeitsformen ab, will den Status quo zur Kenntnis nehmen und einen individuellen Weg für den jeweiligen Schüler oder die Schülerin suchen, aber hier fehlten so viele Grundlagen. Ich akzeptierte die Realität der kleinen Schritte, es war immer eine schöne Aufgabe für mich gewesen, Hinweise zum Selbstlernen zu geben, ja, aber dafür – schon wieder Konjunktiv – bräuchte ich Zeit, hätte ich mehr Vorabinformationen gebraucht.

Nach der *lectura* stellten sich die elf Schülerinnen, vorwiegend ganz jung und schüchtern, und die Jungen in Reihen vor dem Speisesaal auf: links die Mädchen, in der Mitte die kleinen Jungen, rechts die großen. Das Durchzählen ging bei den kleineren Jungen nicht ganz problemlos, die größeren halfen – klar, dachte ich, zu Hause wird Quechua oder Aymara gesprochen, aber gezählt wird in Spanisch. Estanio begrüßte alle zur dritten Woche im neuen Schuljahr, verkündete die Einteilung der Reinigungsgruppen. Er dankte mir für mein Kommen und die Hilfe. Das war mir sehr unangenehm, weil ich doch nur über ein Wochenende hier gewesen war und nur mit einer kleinen Gruppe hatte arbeiten können. Als ich dann noch Abschiedsworte finden sollte, fühlte ich mich unvorbereitet und startete einen kleinen moralischen Appell.

„Haben oder Sein. Der Mensch wird unselbstständig in eine Gesellschaft hineingeboren. Die meisten von euch sind auf einem kleinen Bauernhof geboren. Ihr habt euch dem Leben eurer Eltern angepasst. Doch jetzt geht ihr in die Schule, wollt euren Abschluss machen, vielleicht einmal studieren. Da werdet ihr immer wieder die Balance zwischen dem Gestern und Heute, zwischen Haben und Sein, zwischen Anpassung und Widerstand suchen müssen. Wir alle sind Opfer unserer Wünsche. Ich trinke Kaffee. Kaffee wächst nicht in Deutschland. Irgendwo auf der Welt baut ein Bauer den Kaffee an und verkauft ihn. Es gibt internationale Konzerne, die meine Wünsche, Kaffee zu trinken oder Schokolade zu essen, ausnutzen können. Sie lassen viele Dinge dort herstellen, wo der Arbeitslohn billig ist. Auf der Welt herrscht Kampf. Wenn dieser Kampf eskaliert, gibt es Krieg. Je mehr wir haben wollen, desto besser kann man uns ausnutzen und manipulieren. Ihr habt Kenntnisse in Landwirtschaft. Ihr könnt etwas anbauen und ernten. Ihr könnt unabhängig bleiben. Lasst euch nicht von euren Wünschen verführen, denn dann seid ihr Opfer der Werbung."

Ich machte eine Pause, sah sie der Reihe nach an. Einige nickten verständnisvoll. Ein paar hatte ich näher kennengelernt.

„Ich danke euch für die Tage hier mit euch, danke der Organisation K'anchay, die mich gerufen hat, und danke Estanio und den anderen Mitarbeitern für die gemeinsamen Tage. Und ich bitte Gott um seinen Segen für eure Zukunft." Erst einmal in Fahrt, hätte ich noch lange weiterreden können, mir fiel noch vieles ein. Aber die Jugendlichen hatten Hunger, das Frühstück wartete. Estanio dankte nochmals, die Kids applaudierten und stellten sich zum unvermeidlichen Abschlussfoto auf. Warum hatte ich Gott erwähnt? Wahrscheinlich bezog sich das auf die vielen moralischen Sprüche und Gebete, die überall herumhingen und an grundlegende ethische Werte erinnerten: „Tue recht und scheue niemand", „Jesus ist immer für dich da", „Und wenn du denkst, es geht nicht mehr, kommt von Gott ein Lichtlein her" und weitere. Vor dem Essen wurde gebetet, nach dem Essen gedankt. Ich war überzeugt, dass es ohne Demut nirgends gehen kann, denn was uns im Leben begegnet, ob wir es Schicksal nennen oder Herausforderung, liegt nicht in unserer Hand. Der Mensch ist und bleibt Gegebenheiten verhaftet oder sogar ausgesetzt, die er nicht bestimmt. Immer wieder hatte ich nach dem Stellenwert der Pachamama gefragt, nach der christlichen Religion mit Gott und Jesus. Verhaftet, sagte man übereinstimmend, seien die Menschen der Pachamama. Das würde mit der katholischen Lehre von

Gott und Christus vermengt. Aber mehr als an Gott und Christus glaubten die Menschen an einige Heilige und an die Jungfrau Maria. Die Feste des Christentums wurden mit den alten, durch Natur und Landbau bestimmten Festen vermischt, wie zum Beispiel das Fest der Virgen de la Candelaria, der Heiligen der Bergleute, oder der Virgen del Socavón, der Heiligen der Bergwerksstollen. Die Berge und ihre Schätze hatten auch vor der Eroberung durch die Spanier schon eine Bedeutung im Leben der andinen Volksgruppen gehabt.

Abschlussfoto in Toracarí

Mittags kamen mit Marcello die Schwalben. Eine ganze Schar machte sich im Hof über die jetzt bei Sonnenschein reichlich vorhandenen Insekten her. Ein Hund strich herum, kam in den Speiseraum und verzog sich wieder. Ein anderer, gelb und zottelig, trabte einige Runden durch den Hof, legte sich in den Schatten auf das Mäuerchen und wartete geduldig, bis die Essensreste herausgestellt wurden und so auch für ihn der Tisch gedeckt war. Die

Schülerinnen und Schüler waren in die Schule gegangen, alle Mitarbeiter saßen und standen träge herum. Ein Vater kam und brachte sein etwa dreizehnjähriges Töchterchen. Die Kleine verstand mein Spanisch nicht, ich konnte kein Quechua und bedauerte, nicht wenigstens einige Phrasen behalten zu haben. Der Abschied kam mir merkwürdig abrupt vor, denn jetzt hatte ich die Struktur verstanden und die Arbeit an den Methoden hätte beginnen können. Auf der anderen Seite war ich froh, nicht noch länger bleiben zu müssen. – Nein, so stimmte es auch nicht. Es war nur lästig, so schlecht zu schlafen, kein fließendes Wasser, weder eine Telefon- noch eine Internetverbindung zu haben. Der Abschied von Estanio war sehr herzlich. Auch er bat mich um Ergänzung der Fortbildung. Ich konnte nichts zusagen.

Marcello war nicht mit dem Auto durch den Fluss gefahren. Der Boden sei zu locker, wir müssten wieder zu Fuß hindurchwaten, die Strömung sei aber nicht mehr so heftig, man käme gut durch die verschiedenen Arme. Und sicher, wir kamen durch den Fluss. Aber wie! Der Hauptstrom war breiter geworden und genauso reißend, genauso wütend wie bei der Ankunft. Das Gehen auf den Steinen tat weh, zum Schutz zog ich meine Badelatschen an. Umsonst. Den rechten holte sich der Fluss, den linken opferte ich freiwillig. Ob diese Pantoffeln bis ans Meer kommen würden? Eher würden sie wohl auf einer der vielen Sandbänke im Fluss stranden. Mehr Gedanken wollte ich daran nicht verschwenden, konnte ja nicht hinterherschwimmen oder laufen. Ja, wenn ich im Winter, wenn der Fluss nur ein Rinnsal wäre, wiederkommen könnte, dann wäre es wohl möglich, in seinem Bett hinunterzugehen und die Teile zu finden, um sie herauszuholen und ordnungsgemäß zu entsorgen.

Noeli kam mit nach Cochabamba, zu dritt saßen wir eng beisammen im Führerhaus. Marcello und Noeli unterhielten sich in Quechua, da musste ich nicht reden, es war mir recht – ich hing meinen Gedanken über die grandiose Natur, über die Menschen, über die Entwicklung nach. In Acasio war Pause. Ich verspürte ein dringendes Bedürfnis leiblicher Art, also nahm Marcello mich mit in die kleine Wohnung, die seine Frau mit dem Kind in der Nähe der Schule gemietet hatte. Dort konnte ich in Ruhe das Geschäft erledigen, zu dem ich auf den Abtritten in Toracarí nicht fähig gewesen war. Sonja, Marcellos Frau, war eine kleine, zierliche Person mit strahlenden schwarzen Augen, sie herzte und küsste pausenlos das kleine Credilein, die vierzehnmonatige Maricredi, die gern auf den eigenen kleinen Beinchen laufen wollte. Sonja und Noeli waren Studienfreundinnen und so gab es zwischen ihnen ein herzliches Wiedersehen auf dem Hauptplatz an einem alten Baum, der mit seiner ausladenden Krone dem gesamten Platz Schatten spendete. Sonja lud zum Mittagessen ein, aber die Abfahrt aus Toracarí hatte sich schon verzögert und so mussten wir das freundliche Angebot ausschlagen. Noch einmal fuhren wir über spektakuläre Serpentinen hinab und hinauf. Berge wie eine ungezähmte Gruppe grünrückiger Schafe begleiteten uns eine Zeit, einmal stand erneut eine Hügelformation wie eine Horde taillenloser Zwerge am Rand, überragt von einem einzelnen, der die kleinen anzuführen schien. Die Berge formten außer Elefantenrücken auch Krokodilzähne. Der Weg führte am Rande des Nationalparks Torotoro entlang. Von der gleichnamigen Stadt gibt es Exkursionen zu den Fußabdrücken der Dinosaurier, zu spektakulären Höhlen und Gesteinsformationen in allen Farben. Aufgefaltete Berge leuchteten durch die verschiedenen Mineralien in allen erdenklichen Farben – gelb, orange, rot, lila, braun, schwarz, weiß und grün –, im Internet fand ich Beschreibungen zum Nationalpark.[9] „Torotoro", lockte ein Schild, „Eingang zum Nationalpark und Hauptstadt der Kartoffelschnitze". Nein, für die Sehenswürdigkeiten blieb keine Zeit, aber von der angepriesenen Leckerei ließen wir uns drei Päckchen ans Auto bringen. Ich verzehrte den Matsch aus weichen Kartoffeln, Tomaten und Paprika

---

[9] https://www.reisedeals.com

mit einigem Widerwillen, verkniff mir angesichts meiner offensichtlich zufriedenen Mitreisenden jedoch jeglichen Kommentar.

Spätabends kamen wir in Cochabamba an. Marcello setzte Noeli außerhalb der Stadt am Universitätsgelände ab und fuhr mich zum Hotel. Da war ich nun - back to civilisation.

Frauenrechte und Abschied von K'anchay

Ein schönes Bier wäre prima, dachte ich, verließ das Hotel, holte mir eine Dose und ließ es mir auf dem Kolumbusplatz schmecken, obwohl man in der Öffentlichkeit keinen Alkohol trinken darf. Danach genoss ich die Dusche und erledigte meine Post. Ein herrliches Bett, entspanntes Schlafen, kein geklemmter Nerv – der Freuden waren viele.

Am nächsten Morgen war ich mit zwei Frauen der „Oficina Jurídica para la Mujer",[10] einer juristischen Beratungsstelle für Frauen, verabredet. Ich hoffte, mit ihrer Hilfe eine Gruppe von Frauen zu finden, die der Marie-Schlei-Verein bei einer sinnvollen Ausbildung unterstützen könnte. Jinky Irusta Ulloa, eine Rechtsanwältin, und Betty Lutgan, ein ehrenamtliches Vorstandsmitglied der NGO, empfingen mich im Beratungszentrum der Organisation. Fünf Stühle standen in einem Warteraum, an zwei Schreibtischen konnten Einzelberatungen stattfinden. Es gab weitere Büros für angestellte Juristinnen. Die beiden Frauen führten mich durch das Zentrum, wir setzten uns in einen kleinen Besprechungsraum.

„Bolivien hat die höchsten Zahlen in Lateinamerika von physischer und sexualisierter Gewalt gegen Frauen. Vergewaltigungen, Misshandlungen und vor allem Schwangerschaften von minderjährigen Mädchen – zehn, elf, zwölf Jahre alt – kommen vor, häufig ist der eigene Vater der Täter", erklärte Jinky.

„Wie könnt ihr den Frauen helfen?"

---

[10] https://ojmbolivia.org

„Wir bilden Rechtsberaterinnen aus und kümmern uns um die misshandelten Frauen. Unsere Vorsitzende ist Rosa Julieta Montaño Salvatierra, sie ist Ministerin und bekam 2015 von Michelle Obama die Auszeichnung für mutige Frauen, den „International Women of Courage Award“[11] überreicht.“ Stolz zeigten die Frauen das Foto von der Überreichung der Urkunde.

„Leider“, beklagten sie, „werden die meisten Fälle nicht angezeigt.“

Ich erwiderte: „Der Marie-Schlei-Verein hilft seit 1985 Frauengruppen, die eine Ausbildung für Frauen anbieten. Eine Frau, die eine Ausbildung und ein eigenes Einkommen hat, wird seltener Opfer von Gewalt. Natürlich sind auch die Aufklärung und die Verurteilung der Täter wichtig.“

„Wir bilden Rechtsberaterinnen aus.“

„Der Verein unterstützt Initiativen, die eine praktische Ausbildung beinhalten“, entgegnete ich. „Ist es nicht wichtiger, den Frauen eine eigene Einkommensperspektive zu ermöglichen? Die Landfrauen zum Beispiel mit Kleintreibhäusern auszustatten, anstatt nur Rechtsberatung anzubieten? Die Aufklärung über ihre Rechte kann als Teil des Projektes gesehen werden.“

„Daran haben wir bisher nicht gedacht, das könnte ein interessanter Ansatz sein.“

„Es wäre schön, wenn Sie eine Frauengruppe fänden, die den Frauen oder Mädchen eine Ausbildung anbieten. Am besten in einem zukunftsfähigen Beruf. Das können Tätigkeiten sehr verschiedener Art sein – es kann Verbesserung der landwirtschaftlichen Produktion sein, besser noch eine technische Qualifikation. In Peru auf dem Altiplano unterstützt der Verein eine Gruppe bei der Verarbeitung und Vermarktung ihrer Alpakas für Fleisch und Felle.“

---

[11] Der „International Women of Courage Award“ des US-Außenministeriums wird seit 2007 jährlich an mehrere Frauen vergeben.

Die Frauen schauten mich skeptisch an, ich fühlte mich unbehaglich, so, als negierte ich die tatsächliche Gewalt.

„Dass Frauen oft Opfer sind, weiß ich. Wir alle sind Opfer unserer Wünsche, unserer Bedürfnisse, unserer Sehnsucht, geliebt zu werden. Aber Männer sind ebenfalls Opfer der strukturellen Gewalt. Sie richten ihre Frustrationen ob unerfüllter Wünsche gegen die Frau und gegen die Kinder. Ihre Wut, ihre kleine Macht lassen sie an den Schwächeren aus. Manche schließen sich zu Banden, zu Gruppen um einen Führer zusammen. Die Frauen bleiben häufig isoliert, sie nehmen ihr Schicksal hin, begehren nicht auf, solidarisieren sich selten, nehmen die Schuld auf sich. Frauen sind oft als Bäuerinnen auf sich allein gestellt. Neben der Landwirtschaft und der Versorgung der Familie haben sie keine Zeit, eine Ausbildung zu machen. Wenn eine Frau in die Stadt migriert, ist sie auf Unterstützung durch einen Mann angewiesen und der nutzt ihre Abhängigkeit oft aus. Ich fürchte, nur durch die Aufklärung über ihre Rechte, ändert sich an der Situation nichts."

Jinky wiederholte die Klage über die Opferrolle der Frauen und Mädchen und fügte noch hinzu: „Frauen zeigen die familiäre Gewalt nicht an. Sie schämen sich und werden oft wiederholt zum Opfer, sogar bei einem zweiten oder dritten Mann. Wenn das eigene Land nicht mehr die ganze Familie ernährt, gehen als erstes die Jungen in die Stadt. Ohne Ausbildung bekommen sie manchmal eine Arbeit in den Minen, manchmal leben sie von Gelegenheitsjobs. Wenn sie kaum Einkommen haben, kommt der Frust und den lassen sie als Gewalt an den Frauen aus. Das ist ein Kreislauf."

Es gab keine Antwort darauf. Schon vor Jahren hatte ich mich entschieden, mich im Marie-Schlei-Verein zu engagieren, um die Ausbildung von Frauen zu unterstützen, in der ich einen Ausweg aus den Mustern von Opferrolle und Gewalt sah.

„Es gibt den Antrag für ein Projekt auf Spanisch. Vielleicht findet ihr eine Frauengruppe, die einen Ausbildungsplan entwirft und die der Verein unterstützen kann."

Gern hätte ich gleich ein kleines Projekt mitgenommen, hatte ich doch schon im ersten Gespräch mit Pascal Lutgan von solchen Projekten gesprochen und diesen Wunsch geäußert. Aber die Forderung nach praktischer Ausbildung war der NGO neu, sie bildeten Frauen als Multiplikatorinnen für die Rechtsberatung aus. Bei diesem Kampf konnte ich sie nur moralisch unterstützen. Ich trug die Idee von Kleintreibhäusern vor, wie sie Octavio vorgeschwebt hatte, aber die Frauenorganisation war in Cochabamba etabliert und hatte genug mit ihrem Programm zu tun.

„Eine andere Frage interessiert mich noch. Sie sagen, die Männer greifen zu Gewalt. Aber alle Männer sind von Frauen geboren und erzogen worden. Müsste man da nicht eine Initiative schon für schwangere Frauen und auch für eine partnerschaftliche Erziehung starten? Und wie wäre es mit einem Projekt gegen Männergewalt? Gibt es Projekte der Nichtregierungsorganisation, die sowohl mit Männern als auch mit Frauen arbeiten?“

„Das sind berechtigte Fragen. ‚Jurídica para la mujer‘ ist eine kleine NGO, wir konzentrieren uns darauf, die Frauen rechtlich zu beraten. Wir können nicht alles machen.“

„Aber es gibt doch sicher auch Männer, die sich für die partnerschaftliche Erziehung interessieren.“

„Ja, mein Mann tut das. Er hat deshalb K’anchay gegründet und achtet in den Internaten darauf, dass Mädchen und Jungen gleiche Schul- und Ausbildungschancen haben“, mischte sich Betty Lutgan ein, die Frau von Pascal Lutgan, dem Gründer und Vorsitzenden des K’anchay-Projektes. „Solche Initiativen müsste es noch mehr geben.“

„Ich habe gehört, dass verschiedene Stiftungen, NGOs und die Weltbank Seminare für die Gleichbehandlung von Männern und Frauen anbieten.“

„Ja“, gab Jinky zu, „aber der Wandel geht nicht schnell genug. Bolivien hat die UN-Frauenrechtskonvention[12] unterschrieben,

---

[12] https://www.frauenrechtskonvention.de

aber eine Unterschrift unter eine internationale Konvention bedeutet noch keine Veränderung in den Köpfen der Menschen."

„Ich bin nicht einverstanden damit, alle Gewalt den Männern zuzuschreiben und die Frauen nur als die bemitleidenswerten Opfer zu sehen", hakte ich nach und erntete dafür fragende Blicke, in denen die Ablehnung selbst dieser vorsichtig geäußerten Position zu lesen war. Ich versuchte zu beschwichtigen: „Ich finde es richtig, Frauen zu helfen, die um Hilfe bitten. Ich finde es auch richtig, auf der Regierungsebene und in den Schulen für die Gleichstellung von Mann und Frau zu kämpfen; ich lehne es aber ab, den Männern die Verantwortung zuzuschreiben und sie pauschal zu verurteilen. Ich habe oft bei den Festen die Ausgelassenheit der Menschen erlebt. Der Alkohol beflügelt beide, Männer und Frauen, und die Sexualität schlägt bei diesen Festen hohe Wellen. Sexualität gehört zum Leben wie Essen und Trinken, wie die Luft zum Atmen. Der Mensch ist ein biologisches Lebewesen, das in Gesellschaften lebt. Es geht im Reich der Natur nicht immer friedlich zu – schon gar nicht bei der Partnersuche. Deshalb halte ich es für falsch, die Menschen von vornherein nach Geschlecht in Opfer und Täter einzuteilen." Ich hatte mich in Rage geredet, die Frauen reagierten abwehrend.

„Du bist also gegen die Verurteilung von Femiziden?"

„Ihr meint, Frauen werden umgebracht, weil sie Frauen sind? Nur so? Ohne weitere Geschichte? Nein, ich bin nicht gegen die Verurteilung von Gewalt gegen Frauen. Und ein Mord bleibt ein Mord, egal, an wem er verübt wird. Und ja, ich kämpfe gegen die Abhängigkeit der Frau in patriarchalischen Strukturen. Ich will es nur nicht so einseitig sehen. Für mich ist auch der Mann Opfer der patriarchalischen Struktur. Weltweit werden die meisten Morde von Männern an Männern begangen. Es käme für mich darauf an, einen gemeinsamen Kampf für die Gleichstellung zu führen. Das beinhaltet die Erziehung zu innerer Freiheit und die Unabhängigkeit von Bedürfnissen, die über die Basisnotwendigkeiten hinausgehen. Und in diesem Sinne ist die Selbstständigkeit der

Mädchen, das Selbstvertrauen der Frauen aufzubauen, in diesem Sinne finde ich das Wort ‚Selbstermächtigung' hilfreich, und dafür setze ich mich bei Jungen und Mädchen ein. Das beinhaltet auch die Aufklärung über die Elternrolle. Denn die Eltern – und vor allem die Mütter – sind es, die den Kindern ein Rollenbild vermitteln."

„Ja, da stimme ich dir zu", gestand Jinky erleichtert, „da kämpfen wir auf derselben Ebene."

Sie händigte mir eine Anzahl von Flyern und Broschüren aus. Ich bedankte mich und versprach, ein Antragsformular für ein Projekt zur Ausbildung der Frauen zu schicken.

Sehnlichst wünschte ich, dass sich eine Frauengruppe fände, in der Frauen zu Tischlerinnen oder Klempnerinnen ausgebildet werden! Konjunktiv, schalt ich mich, Schritt für Schritt. Die Entwicklung unterstützen, aber nichts vorantreiben wollen! Der Abschied von den beiden Aktivistinnen geriet verhalten herzlich, ich wünschte ihnen Erfolg bei ihrem Kampf.

Ein Taxi hielt auf der belebten Avenida Ayacucho, Jinky erklärte dem Fahrer den Weg zum Büro von K'anchay. Dort traf ich Francisco zum Abschlussgespräch.

„Die erste Woche war mir vieles unklar. In der Beschreibung der Internate wurden die Fächer Lesen, Landwirtschaft und Mathematik erwähnt. Ich wusste aber nicht, welchen Unterricht für welche Schülergruppe bzw. welches Alter die Lehrkräfte geben. In Vila Vila habe ich Selbsttätigkeit und kooperatives Lernen, also ‚learning alone and together', am Beispiel des Faches Lesen mit den Teilnehmenden geübt. Wir haben verschiedene Unterrichtsformen anhand von Bildern diskutiert und am letzten Tag mussten die Gruppen einen Plan zur Verbesserung ihres jeweiligen Internats erstellen. Ich glaube, das war eine zielgerichtete Aktion. So will beispielsweise die Gruppe von Vila Vila die fünf möglichen Unterrichtsräume zu Fachräumen gestalten. Im Laufe des Jahres solltest du nach der Realisierung dieser Pläne fragen, das wäre im Sinne der Nachhaltigkeit meiner Arbeit sinnvoll." Ich zeigte ihm die Fotos, die ich von den Entwürfen gemacht hatte. „In den Internaten habe ich dann mit den Schülerinnen und Schülern Perspektiven für ihre Zukunft erarbeitet und dabei verschiedene Unterrichtsmethoden benutzt. Aber so richtig habe ich erst am letzten Tag gesehen, dass wichtige Grundlagen wie das richtige Schreiben von Zahlen fehlen. Da hätte ich jetzt einen guten Ansatz zur Beratung.“

„Und was empfiehlst du für die weitere Verbesserung des Unterrichts? Könntest du einen Folgeeinsatz machen?“

„Ich habe so viele neue Erfahrungen gemacht. Die müssen erst einmal verarbeitet werden. Ich brauche erst einmal eine Pause und gewohnten Alltag.“

„Könntest du im Juli wiederkommen?“

„Juli geht auf gar keinen Fall. Frühestens wäre ich ab Mitte August frei.“

„Wir hätten dich gern gleich für einen weiteren Einsatz in der ersten Ferienwoche der Winterferien im Juli verpflichtet. Schade! Was sollen wir in den Internaten tun? Hast du Empfehlungen?“

„Es ist mir aufgefallen, dass die Infrastruktur oft nicht sehr gepflegt ist. Viele Türen schließen nicht richtig, etliche Stühle und Tische sind kaputt, da fehlt ein Tischler. Viele Wasseranschlüsse und Abwassersysteme funktionieren nur mangelhaft, Elektroinstallationen sind zuweilen lebensgefährlich verlegt, Gardinen waren zerrissen, hingen teilweise von den Fenstern herunter oder fehlten – so vieles wäre zu richten oder zu reparieren. Ich fände es prima, wenn ein Handwerker oder mehrere gefunden werden könnten, die jeweils mit einer Gruppe von Schülerinnen oder Schülern zusammen diese Arbeiten ausführten. Praktische Arbeit wäre ein guter Ansatz, um vom Tun zur Reflexion zu kommen. Eine weitere Arbeit könnte in zusätzlichen Projekten bestehen. Projekte zur Geschichte Boliviens, zu den Märchen und Mythen der Anden, zur Geologie und so weiter. Man müsste die Stunde der *lectura* zu einer echten Ergänzung des Schulunterrichts ausbauen. Und man müsste handwerklichen Unterricht anbieten.“

Francisco seufzte. „Unsere Bergbauern kämpfen mit dem Überleben. Die Feldarbeit bestimmt den Jahreslauf. Das Wichtigste ist, dass die Kartoffeln gedeihen und dass sie Reis kaufen können. Wenn die Ernte gut ist und sie ein höheres Einkommen erzielen, kaufen sie eine Kuh dazu. Wir helfen bei der Entwicklung der bäuerlichen Landwirtschaft und betreiben Aufklärung, soweit möglich. Wir arbeiten in den Zentren an der Gleichstellung von Mädchen und Jungen und dafür, dass sie ihren Schulabschluss machen.“

„Das ist eine sehr gute Arbeit. Es wäre gut, wenn es mehr solcher Einrichtungen gäbe. Wünschenswert wäre auch die Verzahnung mit den Unterrichtsplänen der staatlichen Schulen und eine praktische Ausbildung. Damit hätten die jungen Menschen wirklich eine Grundlage für das Leben in der Stadt.“

So vieles wäre zu tun. So vieles blieb als Idee in der Luft hängen. Knapp vier Wochen – und die auch noch auf vier Internate aufgeteilt – ein Anreißen überall, aber für eine gründliche Fortbildung viel zu wenig Zeit.

Im Abschlussgespräch mit Pascal Lutgan sprachen wir über die bestehenden und die geplanten Internate.

„Wir unterhalten sieben Einrichtungen, drei weitere sind in der Antragsbewilligung. Mehr können wir nicht leisten. Es ist ein logistisches Problem. Du hast ja selbst gesehen, wie weit die Wege sind, wie viele Gasflaschen und was noch alles transportiert werden müssen. Und San Marco mit seinen neunzig Schülern ist sieben Monate lang nicht mit dem Auto erreichbar. Wir können nicht mehr Schüler aufnehmen, selbst wenn wir Eltern finden, die den geringen Beitrag bezahlen können. Im Übrigen sind die Gemeinden verpflichtet, etwas zum Unterhalt der Schüler beizutragen, aber auch das klappt nicht immer auf Anhieb, denn die haben oft auch kein Geld.“

„Was bedeutet die Gesetzgebung ‚Nueva Constitución Política del Estado‘ für K'anchay? Bildung und Förderung der Frau haben doch darin eine hohe Priorität und es gibt viele Projekte in diesem Sinne."

„Das stimmt. Aber seit dem Sieg von Evo Morales beobachten wir ein nachlassendes Engagement der internationalen Organisationen, der Weltbank und der westlichen Nationen. Die haben bisher meist mit der Schicht der mächtigen Familienclans zu tun gehabt, die sich als Hort von Kultur und Zivilisation versteht und die alle wichtigen Posten besetzt halten. Wir gleichen das durch mehr Engagement und Zuschüsse von NGOs aus. Inzwischen sind viele Rohstoffe verstaatlicht, der Staat hat Einkünfte, aber eine jahrhundertelange private Ausbeutung ist nicht in wenigen Jahren aufzuholen. Das Land braucht mehr Investoren – ein Kreislauf."

„Es läuft also darauf hinaus, dass die Eltern und dann auch die Jugendlichen sich persönlich engagieren und die Möglichkeiten von K'anchay und anderen NGOs nutzen. Worin sieht K'anchay die Ziele für die Schülerinnen und Schüler?"

„Sie sollen die Sekundarschule beenden und möglichst studieren."

„Aber in dem Zusammenhang ist der landwirtschaftliche Schwerpunkt nicht nachzuvollziehen. Für Selbstversorgung der Einrichtungen ist er sehr gut und passt auch für das Alter der meisten Jugendlichen, die mehr Lust an praktischer Arbeit haben als an theoretischen Studien. Aber für das Studium werden die meisten nicht genug Geld haben. Eine technische Ausbildung zu Handwerkern wäre sinnvoller."

„Klar. Leider hat Bolivien keine Handwerkstradition und kennt das duale System nicht, das ihr in Deutschland habt."

Das Gespräch endete mit Empfehlungen zu den beiden Säulen des Projekts: Grundausbildung für die Jugendlichen in handwerklichen Tätigkeiten und Fortbildung der Erzieher in Didaktik und Methodik.

„Es bleibt viel zu tun!" Da waren wir uns einig.

Trotzig wollte ich an den Sinn meines Einsatzes, der Gespräche mit den Lehrkräften und der Workshops mit Jugendlichen glauben und sah alles, was ich hier in der kurzen Zeit leisten konnte, als zukunftsweisend und richtig an. Wie würde es weitergehen? Mit den Wahlen im Oktober kam eine große Herausforderung auf das Land zu, gleichzeitig musste jeder – unter welcher Regierung auch immer – seinen eigenen Weg finden. Unterhalb der weltweiten Globalisierung gab es immer ein privates Leben mit den individuellen Bedingtheiten. Diese zu sehen, zu akzeptieren, innerhalb der Grenzen zu gestalten, da konnte ich mithelfen und hatte das hier auch getan.

Francisco und Pascal verabschiedeten mich herzlich. Mit der Buchhalterin Shirley, meiner Bettnachbarin in Vila Vila, hatte sich ein fast freundschaftliches Verhältnis entwickelt. Shirley zahlte das restliche Taschengeld aus, ich lud sie davon auch gleich zum Essen ein.

Und dann war ich entlassen.

Abschied von Cochabamba

Die nächsten Tage standen für eigene touristische Unternehmungen zur Verfügung. Das war der Teil, der zu einem ehrenamtlichen Einsatz dazugehörte – das Bonbon sozusagen. Ich hätte lieber noch einmal in einem der Internate geholfen, aber in der Organisation hatte man mich schon ausgemustert und so war ich einverstanden, die Zeit für neue Erfahrungen zu nutzen.

Mein Internet-Kredit musste aufgefüllt werden und dann wartete ich auf Germán, den Repräsentanten des Seniorennetzwerks. Er holte mich in seinem wunderschönen und gepflegten Oldtimer ab, einem alten weißen Volkswagen mit roten Lederpolstern – eine Familienkutsche, die mich an den alten Mercedes meines Fahrers Kamel in Kairo erinnerte. Der alte Herr, ganz Gentleman, öffnete mir die Beifahrertür – ich wusste gar nicht mehr, wie man sich in solchen Fällen ladylike verhält, schaffte es aber, mit geschlossenen Knien beide Beine gleichzeitig ins Autos zu manövrieren – Germán achtete darauf, dass nicht ein Zipfel meiner Jacke draußen hing und schloss die Tür sorgfältig. Er führte mich ins Restaurant des Grand Hotel und schlug vor, sich eine Forelle zu teilen: „Wir essen doch beide nicht mehr so viel!" Obwohl ich ziemlich hungrig war, widersprach ich nicht und genüsslich verspeisten wir je eine Hälfte des in Butter gebratenen Tiers. Germán ließ sich zu einem Glas Wein, später zu einem Nachtisch verführen, aber: „Nein, bitte für mich keinen Kamillentee!" – „Was kannst du über deine Arbeit in den letzten Wochen berichten? Ich werde vom SES befragt und falls es einen Folgeantrag gibt, muss ich den bewerten", kam Germán auf den professionellen Teil des Treffens zurück.

Ich wiederholte, was ich mit Francisco und Pascal Lutgan besprochen hatte, berichtete über meine gemischten Gefühle.

„Ich hätte vorab gern mehr Informationen gehabt. Erst jetzt, nach Abschluss meines Einsatzes, kenne ich den Wochenablauf in den Internaten. Ich habe getan, was ich als richtig ansah, aber ich habe Zweifel, ob ich nicht viel mehr hätte bewirken können. Ich weiß auch nicht, ob ich die Erwartungen eingelöst habe. Francisco hat in Kanada einmal eine sehr gelungene Fortbildung zum kooperativen Lernen gemacht, etwas Ähnliches hat er von mir erwartet. In Vila Vila hat ein Agronom das landwirtschaftliche Programm vorgestellt. Ich habe an dem Seminar teilgenommen. An diesem Beispiel hätte man das System des kooperativen Lernens üben können, der theoretische Teil ist mit einer Wochenstunde aber gering. Vielleicht hätte mein Einsatz effektiver sein können. Trotzdem bin zufrieden mit dem, was ich erreicht habe."

„Ich kann leider wenig zu deinen Ausführungen beisteuern. Ich komme nicht so oft in die Internate, die Details kenne ich nicht, und das Personal wechselt auch oft. Wenn ein weiterer Projektantrag folgt, werde ich ihn auf jeden Fall befürworten."

Ich hatte das Gefühl, dass er noch in keinem der Internate gewesen war, äußerte diesen Verdacht aber lieber nicht. Das Gespräch schleppte sich hin. Ich hatte mit einer Einladung gerechnet, doch Germán teilte kleinlich alles durch zwei und ich widerstand dem Impuls, ihn einzuladen. Während wir bezahlten, brach ein Unwetter los. „Cochabamba hat ein angenehmes Klima – es wird nie sehr heiß und nie sehr kalt. Wenn es einmal regnet, dann nur ein paar Tropfen", hatte Germán vor dem Essen geschwärmt. Dieses Gewitter bildete die unerwartete Ausnahme, es entlud sich mit Blitzen und Donner während mehrerer Stunden über der Stadt. Die Straßen verwandelten sich in Seen, an ein Taxi war nicht zu denken. Wir saßen fest. Und dann ging im Hotel auch noch eine Veranstaltung zu Ende, die Teilnehmer drängelten unter einem Baldachin, etliche suchten im Restaurant Zuflucht. Germán und ich saßen im Stimmgewirr, hatten uns nichts mehr zu sagen, konnten nichts mehr bestellen, denn die Kellner waren mit den neuen Gästen beschäftigt; wir starrten in den Regenvorhang, jeder hing für sich seinen Gedanken nach. Die Zeit dehnte sich, einzelne Worte tröpfelten. Endlich, nach gefühlten Stunden, tröpfelte auch der Regen nur noch. Hüpfend, springend, die Pfützen umrundend, kamen wir zum Auto. Vor dem Hotel setzte Germán mich ab: „Entschuldige, dass ich dich nicht zum Eingang begleite. Ich darf hier nicht lange halten", verabschiedete er sich.

Na gut, dachte ich. Das war's. Eine leichte Verstimmung hatte diesen Abend durchzogen.

Aufbruch nach Süden

Bolivien hat etliche Highlights, einige davon hatte ich auf früheren Reisen besucht. Ich war in La Paz und am Titicacasee gewesen, hatte die Ruinen von Tiahuanacu bewundert, mehrfach hatte ich in Sucre auf dem Markt im Zentrum meinen Fruchtsalat gegessen und war in Santa Cruz einmal mitten im Großmarkt gelandet. Jetzt musste ich mich zwischen dem schon erwähnten Torotoro-Nationalpark mit den Dinosaurierspuren und dem Salar de Uyuni entscheiden, dem großen Salzstock im Süden. Da die Berge in den letzten drei Wochen viele Eindrücke geliefert hatten, wählte ich die Fahrt zum Salz.

Am Busterminal kaufte ich die Fahrkarte nach Oruro. Vor der Abfahrt begleitete Marcello mich über den Indiomarkt. Kunsthandwerk in allen Farben und Materialien, in Leder, Holz und Silber, Webdecken und Pullover aus Schaf-, Lama- oder Alpakawolle, Mengen, Mengen. Alles war in Heimarbeit hergestellt worden, man ahnte die große Zahl der mithelfenden Familienmitglieder. Die Landwirtschaft braucht nur zeitweilig alle Hände, die andere Zeit kann gewerkelt werden. Nur ein Familienmitglied, oft eine Großmutter, sitzt den ganzen Tag bei den schönen Dingen, und wenn ein Stück pro Tag verkauft wird, ist das schon ein gutes Einkommen. Auch vor dem Markt wird verkauft. Hier sitzen und hocken die Kleinbäuerinnen bei ihren Schubkarren mit Mangos, Feigen, Bananen oder Trauben, einige verkaufen Chips und gerösteten Mais. Alle Arten von Lebensmitteln werden auf dem ambulanten Markt gehandelt, Steuern werden nicht bezahlt. Ich hatte ein Déjà-vu nach dem anderen. Seitdem ich 1985 das erste Mal hier gewesen war, hatte sich nichts verändert. Oder doch, etwas hatte sich verändert: Die Straßen waren verstopfter, jedermann versuchte, ein Auto oder wenigstens ein dreirädriges sogenanntes Moto durch die Gassen zu steuern. Die Luft war staubgeschwängert, die Urbanisierung unaufhaltsam.

Zurück am Bus verabschiedete Marcello mich freundlich. Später hatte ich das Gefühl, ich hätte ihm doch eine finanzielle Anerkennung geben sollen, aber die Gelegenheit war verpasst.

Bei der Ausfahrt aus dem Terminal bekam ich eine Nachhilfestunde in bolivianischem Gewusst-Wie: Nur wenige Passagiere hatten ihre Fahrkarte am Tag zuvor gekauft. Erst in letzter Sekunde stiegen Leute in den Bus, Geld wechselte ohne Billet den Besitzer. Der Bus fuhr aus dem überdachten Bereich hinaus, hielt an der nächsten Ecke und Menschen mit dicken Gepäckstücken, mit halben Wohnungseinrichtungen stiegen zu, bezahlt wurde auch hier bar und ohne Ticket. Sowohl der Busunternehmer als auch der Klient umgingen so die Steuern und Gebühren. Das war der ambulante Markt. Ich seufzte, das kannte ich seit fast vierzig Jahren, wann würde sich daran etwas ändern?

Unterwegs erlebte ich weitere überraschende Veränderungen. Früher hatten an den Stationen stets Frauen und Männer gewartet, um den Fahrgästen von draußen etwas in den Bus hinein zu verkaufen – Maiskolben mit Käse, Brote, geröstete Nüsse, gefüllte Kartoffeln und anderes mehr. Bei der Abfahrt und beim ersten Stopp hatte ich keine ambulanten Händler entdecken können. Aber im Bus stand plötzlich ein Herr auf, öffnete einen Kasten und bot Eis an. Dann stand ein anderer Mann auf und bot ein Mittel gegen alle Arten von gesundheitlichen Beeinträchtigungen an. Der konnte reden! Er hörte gar nicht mehr auf, die Krankheiten aufzuzählen, gegen die sein Wundermittel helfen sollte, das reichte von Kopfschmerz und Menstruationsbeschwerden zu Lungenentzündung und Krebs. In Pongo, einer Kleinstadt auf dem Wege, stiegen dann doch Frauen mit den erwarteten Esswaren zu. Sie boten belegte Brote, gerösteten Mais, Maiskolben mit Käse und kleine Maisfladen an. Sie blieben im Bus, stiegen erst an der nächsten Wegkreuzung wieder aus und bis dahin belästigten ihre Essensdüfte die Mitreisenden; zumindest ich litt darunter, da sich eine der Polveras – die Frauen tragen mehrschichtige Röcke und obendrüber eine Art Kittel, der die Kleidung gegen den Staub, *el polvo*, schützt – nach dem Verkauf mit ihrem Korb neben mich setzte und dabei meinen Platz stark einschränkte.

Frust in Oruro

Meine erste Station war Oruro. Ich war neugierig auf die koloniale Minenstadt, die Weltkulturerbestadt – berühmt für ihren Karneval mit riesigen bunten Holzmasken in Form von Teufelsfratzen und Persiflagen auf die von der Sklaverei ausgebeuteten Schwarzen und Indigenen mit speziellen Tänzen, den Diablas und Morenadas. Für einen mehrstündigen Umzug durch die Stadt übten viele Gruppen das ganze Jahr das Spielen der traditionellen

Musik und die Tänze. Der Karneval interessierte mich nicht, obwohl er von der UNESCO 2001 in die Liste der „Meisterwerke des mündlichen und immateriellen Erbes der Menschheit" aufgenommen und 2008 sogar in die „Repräsentative Liste der Meisterwerke" eingetragen worden war. Eine kunstvoll geschnitzte Maske hatte ich bei einem früheren Besuch in La Paz erworben, sie zierte schon seit Jahren eine Wand in meinem Arbeitszimmer. Die Vorbereitungen für das diesjährige Arrangement liefen auf Hochtouren und niemand verstand, dass ich nicht zum Karneval gekommen war, aber Oruro war nur ein Zwischenstopp auf der Fahrt zum Salar de Uyuni.

Das Hotel lag in der Nähe des Busterminals, der Weg dahin erwies sich als eine Buckelpiste mit Schlammlöchern, als Hindernislauf; auch wenn er nur etwas über hundert Meter lang war, konnte ich unmöglich den Koffer darauf ziehen. Ein Taxifahrer übernahm den Transport, beklagte dabei lautstark den Zustand des Weges, war aber mit den großzügig gezahlten zehn Bolivianos mehr als zufrieden. Das Hotel wirkte unfreundlich und verschlossen. Drinnen fand ich mich in einem kühlen, unpersönlichen Entree. Zu den Zimmern musste man Treppen steigen, immerhin war das Mädchen an der Rezeption so freundlich, meinen Koffer in den dritten Stock zu tragen. Zimmer und Bad waren sauber, nur aus dem Abfluss kam ein beißender Geruch, gegen den ich den Papierkorb auf die Öffnung stülpte. Die Suche nach dem Ortszentrum, es sollte 2,2 Kilometer entfernt liegen, erwies sich als problematisch. Der Weg sei zu Fuß viel zu lang, ich solle ein Taxi nehmen, beschied man, anstatt mir eine Wegbeschreibung zu geben. Der Fahrer fuhr durch die Berge und verlangte einen hohen Preis. Ich meckerte nicht, hatten wir doch eine Stadtrundfahrt gemacht, bei der ich viel von der Bergstadt gesehen hatte.

Oruros Einwohnerzahl war seit dem letzten Eintrag in den Reiseführer noch einmal um ein paar Tausend gestiegen, immer mehr Bauern verließen ihre Klitsche, um in der Stadt das Glück zu suchen. Im Zentrum wurden die Tribünen für den Umzug vorbereitet, viele Straßen waren gesperrt. Die engen Gassen waren mit Autos verstopft, die Luft voller Staub und Smog. Nur eine einzelne Person trug eine Atemmaske, allen anderen schien die verpestete Luft voller Abgase nichts auszumachen. Der Platz des 10. Februar war der einzige schöne Ort in dieser einstmals hübschen Kolonialstadt. Die Mine war ausgebeutet, die Nachfahren des sogenannten Zinnbarons hatten den Reichtum verschwendet, die Stadt lebte vom Handel und vom Fremdenverkehr. Ein hübsches Restaurant suchte ich vergeblich, alle auf der Karte eingetragenen erwiesen sich als hässlich eingerichtet, unfreundlich und unpersönlich. Zum Ausgleich waren die Preise höher als in Cochabamba. Ich landete in einem Schnellimbiss und bestellte einen einfallslosen Salat mit Huhn. In einer engen Gasse fand ich das Bolivien der Marktfrauen in ihren malerischen Trachten. An ihren Ständen boten sie allerlei Räucherwerk, Kräuter und alles für die verschiedenen schamanischen Zeremonien Notwendige, z. B. Lama-Embryos, an. Nein, so bunt wie ich die Stände am Titicacasee oder auf dem Markt in La Paz in Erinnerung hatte, waren sie hier nicht. Alles hier wirkte dürftig, auf Touristen zugeschnitten und vor allem schmutzig. Als ich zurück ins Hotel wollte, bemerkte ich, was es mit den zwei Kilometern auf sich gehabt hatte. Die hatten sich auf den alten Busbahnhof in der Nähe der Stadt bezogen, mein Hotel lag aber in der Nähe des neuen Terminals, weit vor der Stadt. Für ein paar Cent fand ich ein Colectivo, eine Art Sammeltaxi oder Minibus, stolperte über die Buckelpiste ins Hotel und wusch unter der heißen Dusche Staub und Enttäuschung ab. Am nächsten Morgen trug ein freundlicher Dienstmann meinen Koffer über die Schlammpiste zum Terminal, ich entlohnte ihn reichlich. Wenn man unbedingt die Diablas, die Teufelstänze, sehen will, sollte man hinfahren, ansonsten kann man Oruro meiden. „Ich wünsche dir nur noch angenehme Erlebnisse", hatte man mir geschrieben, als ich die schwierigen Orte der Internate in den Bergen hinter mir ließ. Dieser Wunsch war bisher nicht in Erfüllung gegangen. Jetzt, unterwegs, mangelte es zudem an den liebevollen Menschen aus den Zentren. Ich vermisste Florencia, Marcello, die Köchin Ana, ach, eigentlich sehnte ich mich schon jetzt zurück.

Uyuni, die Stadt am größten Salzsee der Erde, war das Ziel. Eine Fahrt mit der Eisenbahn war nicht möglich. Ich hatte von Reisenden gehört, denen es gelungen war, dieses Verkehrsmittel zu benutzen. Der Schriftsteller Theroux war mit dem „Expresso del Sur" gefahren und ich selbst war bei meiner ersten Reise vor dreißig Jahren ebenfalls per Bahn nach Villazón an der argentinischen Grenze gekommen. Jetzt waren am Bahnhof die Tore verriegelt, genaue Auskunft konnte niemand geben, und auf den Schienen hatten sich die ambulanten Händler ausgebreitet. Später erfuhr ich, dass ab dem Sommer 2019 zweimal wöchentlich ein Zug für die Touristen fahren sollte, aber im Moment gab es keine Chance. Es blieb nur der Bus. Bei der Abfahrt beobachtete ich dasselbe Spiel wie schon in Cochabamba. Zuerst stiegen die Reisenden ein, die im Voraus gebucht hatten, dann die, die sich kurzfristig entschieden hatten, und dann verließ der Bus seine Parkbucht. Man dachte, es ginge los, aber weit gefehlt – vor dem Busbahnhof wurden die Menschen mit ihren verschiedenen Transportgütern eingeladen, Säcke, Tragetücher, Werkstatt- und Möbelteile wurden verstaut, Passagiere mit dicken Umschlagtüchern, mit Kleinkindern und Esswaren füllten den Bus. Das war das richtige Ambiente für Kulturmüde, die das genießen konnten; ich gehörte nicht zu denen, ich ertrug es mit dem geübten Stoizismus. Auch auf dieser Fahrt kamen Frauen und Männer mit ihren Angeboten in den Bus, fuhren eine Strecke mit und verließen ihn dann wieder, vermutlich, um in der Gegenrichtung die Reste ihrer Waren abzusetzen. Ich staunte über eine kleine alte Aymara-Frau, die ihr dickes Bündel auf den Sitz neben mir stellte. Sie verkaufte *papa rellena*, gefüllte Kartoffeln, die sie in den Tiefen eines Tuches unter mehreren Lagen dicker Decken warmhielt. Wollte ein Fahrgast eine Kartoffel, zog sie aus der Schürzentasche ein Pergamentpapier, wühlte in den Decken nach dem Schatz, brachte die Kartoffel hervor, gab sie in das Papier und reichte sie dem Kunden. In der anderen Schürzentasche hatte sie das Geld, wechselte, ohne hinzusehen, irrte sich nie. Alles erledigte sie mit bloßen Händen, Plastikhandschuhe oder Händewaschen zwischendurch verlangte niemand, aber sorgsam achtete sie darauf, die Kartoffel mit der linken und das Geld mit der rechten Hand anzufassen. Als niemand mehr nach ihren Gaben verlangte, setzte sie sich auf den Platz neben mir, stellte ihr Bündel in den Gang, zog ihr Handy aus der Tasche und telefonierte. Die kleine, runzelige, völlig verschrumpelte alte Frau mit den dünnen, langen Zöpfen, in denen noch immer schwarze Haare glänzten, mit den tiefliegenden, aber hell blickenden Augen nötigte mir Respekt ab. Vielleicht bereitete sie selbst die Kartoffeln am Morgen zu, verkaufte sie im Bus, war gleichwohl aber in der modernen Kommunikation angekommen. Es war in Bolivien schwer zu sagen, wer mit welchen Arbeiten zum Familieneinkommen beitrug. Tag für Tag verrichteten alle ihr Werk und kämpften ums Überleben.

Uyuni

In Uyuni stürzten sich die Anbieter auf die Ankommenden. „Ein-, Zwei- oder Dreitagesausflüge auf den Salar de Uyuni!", priesen sie an. Gleich wurde mir eine Karte mit der Adresse einer Agentur in die Hand gedrückt.

„Danke", wehrte ich ab, „ich will erst einmal mein Hotel suchen."

„Welches Hotel? Ach, das Cielo de Uyuni, das ist zwei Blocks Richtung Westen und einen gen Norden." Nicht weit also, aber ich nahm doch ein billiges Taxi. Der Fahrer hielt wie gewünscht am „Himmel von Uyuni". Stufen führten zur Eingangstür, dahinter lauerten weitere. Der Koffer war unpraktisch, alles war auf Backpacker eingestellt, Betuchtere machten Pauschalreisen, bei denen sie von Hotel zu Hotel gekarrt und ihre Koffer von Dienstpersonal getragen wurden. Individuell, aber einfach Reisende waren nicht vorgesehen. Der Fahrer half bei der ersten Treppe bis zur Tür. Ich klingelte eine junge Frau von der Rezeption herbei, die unter leichtem Murren den Koffer über die unkomfortabel hohen Stufen in den zweiten Stock trug. Ich wollte nur eine Nacht hier bleiben und einen Zweitagesausflug in den Salar buchen. Nein, antwortete die junge Dame barsch, das sei nicht möglich, ich solle jetzt und hier und sofort die beiden gebuchten Nächte bezahlen. Holla, das war heftig. Es war für ein Zimmer ohne eigenes Bad ein stolzer Preis – eine Folge dieser touristischen Hochburg. Frühstück gab es erst ab acht Uhr, ein Lunchpaket für Gäste, die früher abreisen mussten, war nicht vorgesehen. Pech gehabt, wenn man früh aufbrach. Unfreundlichkeit und Arroganz – offenbar kamen ausreichend Gäste, man musste sich nicht bemühen.

Für den Ausflug zum Salz gab es in der Nähe des Hotels viele Agenturen. In einer erläuterte eine ältere Dame die Möglichkeiten, ich buchte eine Exkursion für den nächsten Tag. Mit dem Voucher in der Hand verließ ich zufrieden das kleine Büro. An der gegenüberliegenden Ecke fiel ein Café mit allerlei Symbolen für Kaffee auf. Ich betrat das für Bolivien ungewohnt geschmackvolle Ambiente und kam mir vor wie in einer Filmszene. Zwei junge Frauen hinter der Theke verstärkten mit ihrer Anwesenheit die freundliche Atmosphäre, eine der beiden hatte einen leicht italienischen Einschlag. Sie war sehr jung, sehr schlank, die lockigen schwarzen Haare bändigte sie durch ein Band, das auf dem Kopf in einer Schleife endete. Die andere wirkte etwas südamerikanischer, sie hatte ihre ebenfalls langen schwarzen Haare zu einem Pferdeschwanz gebunden. Die Jüngere trug einen maronenfarbigen Pulli und eine schmale, dunkelgrüne Schürze darüber, die andere einen Pullover mit Mickey-Mouse-Motiv. Letztere trug eine auffällige Brille mit einem dunklen Rand, noch auffälliger waren die doppelreihigen Ohrringe aus roten Bommeln, die von ihren Ohren herabhingen.

Die beiden schwatzten vor der schwarz gestrichenen Wand im Hintergrund. Die anderen Wände trugen ein dunkles Moosgrün, Tische und Stühle waren ebenfalls schwarz, genauso wie eine Sofaecke am Eingang. Als Wandverzierung hatte man kleine Espressokannen gewählt, die ledergebundene Speisekarte war mit dem Symbol einer Kaffeebohne verziert, aus der Rauch aufstieg – ein bisschen wirkte alles wie in einer Puppenstube. Ungefragt brachte eine der beiden jungen Frauen ein Glas Wasser, das sie dem Zapfgefäß entnommen hatte, das seinen Platz neben einem Blumenstrauß auf der Theke hatte. Ich bestellte einen Kakao mit Karamellgeschmack und ein kleines Gericht von der Speisekarte. Eine der jungen Damen, die mit den Locken, dem Band im Haar und dem leicht italienischen Einschlag, servierte das mit einem Rosettenmuster verzierte Milchgetränk in einem stilvollen Glas. Mit seinem cremigsüßen, vollen Geschmack glich es einem Nachtisch.

Das kleine vegetarische Gericht ließ auf sich warten, währenddessen hatte ich Gelegenheit, die einzigen anderen Gäste, ein Pärchen, zu beobachten – einen sportlichen älteren Herrn, der mich an meinen Ehemann erinnerte, mit einer etwas jüngeren Frau, einer Mestizin. Sie hatten sich nichts zu sagen, hatten ihre Mahlzeit offenbar beendet – er hatte alles aufgegessen, die Frau hatte einen halbverspeisten Hamburger auf dem Teller, jeder schaute in eine andere Landkarte. Er studierte die Rechnung genau, ehe sie die Börse herausholte und zahlte. Beim Abschied lächelte sie mich an und nickte mit dem Kopf, als wollte sie sagen: „Sieh mal, mit was für einem tollen Mann ich verheiratet bin." Am späten Abend saßen die beiden schweigsam in derselben Bar wie ich, beim Frühstück konnte ich ihre vertraut-stummen Gesten erneut beobachten, da sie im selben Hotel wohnten. Dies gemeinsame Schweigen auf einer Reise fand ich belastend, ich war froh, allein unterwegs zu sein, das schaffte andere Bekanntschaften und Erlebnisse.

Endlich kam eine weitere junge Frau, noch jünger als die beiden am Tresen, aus der Küche und entschuldigte sich für das ausbleibende Essen. Am Morgen sei dieses Gericht mehrfach bestellt worden und so könne sie es jetzt nicht mehr anbieten. Sie schlug stattdessen einen vegetarischen Hamburger vor. Nein, dann wollte ich ein Gericht mit Fleisch, aber das verstand die Küchenfee nicht. „Sie haben doch vegetarisch bestellt. Dieses Gericht ist mit Fleisch", schüttelte sie verständnislos den Kopf. Ich beteuerte, nunmehr das Fleischgericht zu wollen. Vor sich hin grummelnd verschwand sie in der Küche. Das Café bestehe seit genau einer Woche, verriet die Mickey-Mouse-Frau, und sie führten es zu dritt. Sie entschuldigten sich für die Panne mit dem Essen und zogen nur den Preis für das Getränk ab. Sehr nobel, fand ich, und gab ein gutes Trinkgeld.

Der Tagesausflug zum Salar de Uyuni erwies sich als absolutes Highlight der Reise. Wie eine Ameisenprozession fuhren wir mit einem Landrover und circa achtzig weiteren, in jedem saßen sieben oder acht Gäste, zuerst zu einem Eisenbahn-Friedhof. Die Autos standen in langen Reihen, die Fahrer palaverten im Schatten.

Über einen kleinen Graben erreichte man den Schrotthof. Ausgemusterte Lokomotiven, Güterwagen und andere Eisenbahnteile streckten ihre rostigen Reste in den stahlblauen Himmel. Die etwa sechshundert Menschlein krochen auf den Maschinen herum, wandelten an ihnen entlang, wunderten sich, konnten es nicht fassen. Ich erfand die Geschichte einer kleinen Lok: „Stolz erfüllte sie, als der Mechaniker die letzte Schraube anzog und sie auf den Schienen der Werkhalle in die Welt hinaus entließ. Eifrig zog sie die Güterwaggons mit den Schätzen aus den Bergen von der Mine zur Weiterverarbeitung nach Chile. Sie machte sich keine Gedanken darüber, dass die Minenarbeiter, dass das Land Bolivien, ja, dass sie selbst ausgebeutet wurde. Keine Gedanken darüber, dass Silber, Zinn und die anderen Metalle eigentlich den Arbeitern bzw. dem Staat gehörten. Sie versah treulich ihren Lokomotivdienst und zog die beladenen Waggons. Und nun war sie ausgemustert wie all die anderen hier, stand unter größeren und einstmals vielleicht stolzeren Lokomotiven. Sie weinte ein paar rostige Tränen, aber dann siegte ihr ungebrochener Stolz. Sie wurde beachtet wie die anderen. Die Touristen kamen jeden Tag und für deren Klettereien war sie sogar praktischer, weil sie nicht so hoch war wie die viel größeren Schwestern und Brüder."

Auf dem Eisenbahnfriedhof

Während ich über die kleine Lok sinnierte, erklärte unser netter Fahrer Fausto, die Strecke sei nur für die Mine gebaut worden, um darauf das ausgebeutete Rohmaterial zur Verarbeitung über nur zwanzig Kilometer nach Chile zu transportieren. Die Mine hatte Chilenen gehört, jetzt sei sie zwar verstaatlicht, aber die Verarbeitung der Mineralien läge immer noch bei den Chilenen.

Der kleine Ort Colchani direkt am Salar war für und durch die Minenarbeiter entstanden. Für Hungerlöhne mussten und müssen sie die Mineralien aus dem Berg holen. Die Familien der

Bergarbeiter stellten unendlich viele Handarbeiten her – jede Familie arbeitete für sich, bot in den vielen Buden Pullover an, alle Arten von Wollsachen, gewebte Decken, Lederarbeiten, Hüte, Mützen und allerlei nutzlose Souvenirs. Salz konnten die Touristen an den über dreißig Ständen in kleinen Beuteln, mit Kräuterzusätzen und ohne, in kleinen Fläschchen als Schlüsselanhänger kaufen, auch kleine Salzblöcke konnte man erstehen. Es gab ein winziges Museum, in dem Tiere aus Salz und ein großer Salzblock ausgestellt waren, für ein paar Bolivianos durfte man fotografieren. In einem Hinterhof zeigte ein junger Mann den Prozess der Salzgewinnung – vom Abstechen eines Blockes, der Scheidung der weißen von der grauen Schicht, dem Mahlen und dem noch feineren Mahlen. Das Salz, hörten die Besucher, würde ausschließlich und sehr billig in Bolivien verkauft.

Endlich ging es hinaus auf das Salzmeer. Der Jeep bog ein auf die mit einer dünnen Schicht Wasser bedeckte Salzpfanne. Im Winter, wenn es lange nicht regnet, verdampft das Wasser vollständig und das blanke Salz liegt in einem Block da. Dieser Block ist circa elftausend Quadratkilometer – ja, wirklich: Kilometer! – groß und bis zu zweihundert Meter dick. Ich hatte Glück. Es hatte geregnet, so war eine perfekte Spiegelfläche entstanden und man konnte augenscheinlich auf dem Wasser gehen. So muss es den Menschen gegangen sein, die Jesus über das Wasser gehen sahen. Wer weiß, ob er nicht auf einem heute ausgetrockneten Salzsee spazierte. Ein paar Meter vor dem Salzhotel hielt der Fahrer und entließ seine Gäste ins Wasser. Wer wollte, konnte Gummistiefel anziehen. Wie viele andere Touristen probierte ich es barfuß. Das Oberflächenwasser war durch die Sonne angenehm temperiert, ein etwas kribbeliges Gefühl entstand an den Fußsohlen – vor allem dort, wo die Salzkristalle schon trocken waren. Es war ein unvergleichliches Erlebnis, so über das Salz, quasi über das Wasser zu wandeln. Im Salzhotel war ebenfalls alles aus Salz – die Wände, die Betten, die Klos, die Tische und Hocker im Speisesaal. Staunend betrachteten alle die Anlage des Hotels, die vielen

Skulpturen aus Salz, die Salzbilder. Draußen wehten Flaggen aus aller Welt, eifrig fotografiert von den internationalen Touristen. In einer Halle servierten die Fahrer das Mittagessen für die jeweilige Gruppe. Auch Fausto breitete auf einem Salztisch die Mahlzeit aus. Wir sieben Gäste aus seinem Jeep nahmen auf Salzhockern Platz und genossen Salat, Schnitzel und Gemüse. Am Nachmittag fuhr jedes Fahrzeug hinaus auf den Block oder See, wo ungestört von anderen Gruppen Experimente mit den Spiegelungen gemacht werden konnten.

Spiegelspiele auf dem Salar de Uyuni

Ich befand mich auf einem anderen Planeten; Wolken, Berge, der Vulkan, ich selber und die Mitreisenden schwebten in der Sphäre, die verschiedenen Formationen spiegelten und verdoppelten sich in der Wasserfläche. Viele Figuren erfand Fausto für seine Gäste aus Ecuador und Argentinien und für mich, zeigte uns das Hin und Her, das Ausprobieren raffinierter Stellungen. Mit unseren Körpern bildeten wir das Wort Uyuni, das Wasser spiegelte es zurück. Immer wieder, noch einmal und noch einmal, gruppierte er die ganze siebenköpfige Gruppe um, deren Mitglieder sich im Laufe dieses Fotoshootings nahekamen, fast zu Freunden wurden. Ein Video über das Gehen auf dem See wurde gedreht, wir bildeten Reifen und machten Sprünge, wir gingen über das

Wasser, waren verzaubert in einer fremden, nie geahnten Landschaft.

Am und auf dem Auto kletterten wir zu weiteren Spielen und Spiegelungen herum. Fröhlich und gut gelaunt verging der Nachmittag. Es wurde Zeit, ein wenig weiter ans Land zu fahren und vor dem Sonnenuntergang weitere Bewegungsexperimente zu machen. Eine dicke Wolke verdeckte zwar die Sonne, aber ihre Strahlen und die mystischen Spiegelungen blieben faszinierend. Erst spät, es war schon dunkel, machten wir uns auf den Weg zurück zur Stadt. Von allen Seiten kamen die Landrover und liefen wie fremde Insekten auf das Ufer zu.

Voller Salz und ebenso voller Begeisterung kam ich im Hotel an. Meine Kleidung war über und über mit getrockneten Salzkristallen besprenkelt. Die heiße Dusche entfernte das Salz von der Haut; der Hose und dem Hut ließ ich ihre weißen Muster. Spät abends fand ich ein kleines hübsches Lokal mit internationalen Besuchern in der direkten Nachbarschaft des Hotels. Eine mehr als einfache Ausstattung mit drei Tischen, zu einer Sitzecke gruppierten Paletten und ein paar Hockern am Tresen reichten für eine angenehme, entspannte Atmosphäre. In der Palettenecke saß außer meinen Bekannten vom gestrigen Nachmittag ein Pärchen, er mit Rastalocken, sie mit einem Flower-Power-Jäckchen, deutlich keine Bolivianer. An einem runden Tisch hörte ich skandinavische Laute, an einem weiteren tranken sich drei Japaner Mut für den Flirt mit den beiden Japanerinnen am selben Tisch an, zwei Flaschen Rotwein hatten sie schon geleert. Ich aß eine Kleinigkeit, genehmigte mir auch ein Glas Rotwein und dann auch noch ein zweites. Das war fast schon zu viel, ich fühlte mich leicht beschwipst. Mit den beiden jungen Bolivianern am Tresen plauderte ich über das internationale Publikum, über das Leben in dieser Touristenhochburg. Einer pendelte wöchentlich zwischen La Paz und Uyuni, der andere war einer der vielen Tourenführer. In meinem großen, mit drei Betten ausgestatteten ungemütlichen Zimmer schlief ich traumlos und ohne lästigen Ischiasschmerz.

Am Morgen verließ ich das Haus, bevor es erwachte, trat hinaus in den Sonnenschein; der Tag machte sich bereit für einen Bergsommertag, es war schon jetzt mäßig warm. Ich zog meinen Koffer durch die stillen Gassen zur Abfahrtstelle der Busse nach Villazón. An der Kreuzung herrschte bereits eifriges Treiben. Fahrgäste nach Oruro, La Paz, Sucre, Potosí suchten die richtige Linie, kleine Wagen mit dem typischen Frühstück aus einem Quinoa- oder Maisgetränk und frischen Empanadas bemühten sich um Kunden, ambulante Händler zogen mit ihren Brotkörben oder Snacks umher, hier oder dort kaufte ihnen jemand etwas ab. Der Zugang zum Bus war über eine ungeheuer hohe Stufe zu bewältigen. Eine kleine Bolivianerin mit sicher dreizehn Röcken, einem Kind auf dem Arm, einem Bündel auf dem Rücken und dazu einem Korb in der Hand meisterte elegant diese Hürde.

Der Bus fuhr Richtung Süden durch eine leere, einsame Landschaft. Vicuña-Herden, manchmal Guanacos, Lamas, dann und wann einzeln stehende Kandelaberkakteen belebten die karge, steppenartige Vegetation. Auf der anderen Seite erhoben sich Berge mit interessanten Farbspielen. Das reichte an einer einzigen Flanke von hellem Gelb über Ocker zu Orange und Rot. Es waren die Vorboten der nordargentinischen Höhen und Täler, die in schöner Formation bis zu vierzehn Farben zeigen. Am späten Nachmittag kam ich in Villazón an. Ein Schlepper wollte mir sofort die Weiterfahrt nach Argentinien verkaufen, ich beschied ihm, ich wolle erst am nächsten Morgen weiterreisen. Er ließ nicht locker, lud mich in das Büro ein und widerstrebend buchte ich die Busreise nach San Salvador für den nächsten Tag, ärgerte mich dabei nicht zum ersten Mal über meine mangelnde Durchsetzungskraft, wenn mein Nein ignoriert wurde. Das Hotel war so ungemütlich wie die bisherigen. Die Reservierung war nicht angekommen, es gab aber ein karges Dreibettzimmer, dazu gehörte ein eigenes kleines Bad, die Dusche spendete warmes Wasser, das WLAN funktionierte, also alles erträglich.

Spaziergänge führten mich über die ausgedehnten ambulanten Märkte, irgendwo aß ich einen Hühnerschenkel für sehr wenig Geld. Die stillgelegten Schienen sprachen beredt von Zeiten, die einmal modern gewesen waren, inzwischen war der Ort in seinem Leben erstarrt – einem Leben von der Hand in den Mund, in dem es nur winzige Fortschritte gab, eine Wand mehr am Haus, die Gitter für die Fenster, irgendwann auch Fensterglas und eine richtige Haustür. Die Kirche war wie an allen bisher besuchten Orten auch hier verschlossen, einen Hinweis auf die Öffnungszeiten oder auf die Gottesdienste suchte ich vergeblich. Eine schöne Stimme sang über den zentralen Platz sphärische Gesänge bis in die späte Nacht, sie geleitete mich in süße Träume. Dieser Gesang war auch am frühen Morgen wieder zu hören, er versöhnte mich mit mir und der Welt.

Nach einem einfachen Brot mit Butter und Marmelade und einer Tasse Kaffee fuhr ich zum Busterminal. Der Schlepper hatte versprochen, der Bus fahre hier im Terminal von Villazón ab, aber das war natürlich nur der Werbetrick gewesen! Eine Angestellte der Busgesellschaft brachte mich von dort mit einem Taxi zur Grenze, ich musste die Fahrt zusätzlich bezahlen. Dass wir auf der Fahrt direkt an meinem Hotel vorbeifuhren, war doppelt ärgerlich!

An der Grenze erfolgte eine zügige Prozedur: An einem Schalter erhielt ich den Stempel für die Ausreise aus Bolivien und vom selben Beamten am selben Schalter den für die Einreise nach Argentinien. Der ganze Vorgang bestand darin, meinen Pass vorzulegen, eine Adresse in Argentinien anzugeben und schon war ich im anderen Land. Die Frau von der Busgesellschaft setzte mich in ein Taxi zum Busbahnhof in Quillaca – zum Glück hatte ich am Vortag argentinische Pesos eingetauscht –, dort musste ich mit anderen internationalen Gästen auf den Bus nach San Salvador de Jujuy warten.

Die Frage meiner Freundinnen kam zurück: Hatte ich mir mit dieser Reise, mit dem Projekt K'anchay etwas angetan? Täglich kamen herzliche und besorgte Informationen und Nachrichten von den Helferinnen und Lehrkräften aus den Internaten. Sie rührten an mein Herz. Wie gern war ich mit ihnen zusammen gewesen, hatte mit ihnen über die Verflechtungen des Welthandels und ihre eigene Entwicklung diskutiert, über den Neoliberalismus, die Einflussnahme der Vereinigten Staaten, über ihre Wünsche und Projektionen und über ihren Che Guevara. Wenn ich doch dableiben könnte! Alle waren so voller Zukunft, während mir im alten Europa die Abstiegsängste entgegenschlagen würden. Aber es sollte bitte fließendes Wasser geben, möglichst warm, es sollte ein hartes Bett da sein, duftende Handtücher wären auch nicht schlecht und bitte auch ein kleiner Ofen im Zimmer. Dann würde ich gern wiederkommen, würde eine Weile ihren Entwicklungsprozess begleiten, würde es lange aushalten. Wenn! Ja, wenn!

Zurück in Berlin

Am Abend meiner Heimkehr gab es im Zusammenhang mit dem Fontanejahr einen Workshop in der Berliner Schaubühne. Spontan entschloss ich mich zur Teilnahme. Ich verglich die Kulturen: in Bolivien die traditionelle Musik, die traditionellen Tänze. Nichts wies auf Reflexion, nichts auf etwas Internationales hin. Hier in der Millionenstadt gab es eine überbordende Kultur mit allen Facetten des Vergangenen und Zukünftigen, mit den Theaterstücken von der Antike bis zum Experimentellen, Inszenierungen und Kompositionen, Bilder und Skulpturen, die die Herausforderungen der Postmoderne visualisierten, divers und verstörend. Ich hatte noch die Intensität der Liebe der Menschen in den Anden in den Adern und fühlte gleichzeitig meine eigene Zugehörigkeit zu der individualisierten und vielfältigen Kultur in Berlin. Ich war den Menschen der Anden in ihrer Mystik und ihrem Lebenskampf verbunden, mit dem Kulturbein stand ich im Berlin des einundzwanzigsten Jahrhunderts.

Am nächsten Abend lud ich die Freundinnen zum Essen ein: Kristin, eine ehemalige Schülerin, die in der Welt umherzog, an einem Buch über Algorithmen schrieb, Sita, die Katzenfreundin, Lektorin und grundsätzliche Melancholikerin, und die Übersetzerin Beate – man konnte sagen, es waren vier Generationen. Kristin war Mitte Dreißig, Beate Mitte Fünfzig, Sita Mitte Sechzig und schließlich ich kurz vor dem achtzigsten Lebensjahr.

„Du hast gedacht, du scheiterst auf dieser Reise. Aber bei dir scheint doch alles immer gut auszugehen", Sita erinnerte mich an meine Befürchtungen vom Beginn der Reise.

„Man erlebt unterwegs eben allerlei, was gelingt, und eben auch Dinge, auf die man hätte gut verzichten können. Wenn du das nicht in Kauf nehmen willst, musst du gleich zu Hause bleiben." Kristin, die ein halbes Jahr im Iran, ein halbes Jahr in Indien verbracht hatte, die gern unterwegs arbeitete und am liebsten gar keinen festen Wohnsitz gehabt hätte, aber wegen des deutschen Passes, der Steuer und weil der Mensch irgendwo hingehören muss, doch eine Adresse in Berlin hatte, erzählte von allerlei Schwierigkeiten auf ihren Reisen.

„Ich kenne dich seit Jahren nicht anders als auf dem Sprung in die nächste Reise. Der Wohnort Berlin ist eher zufällig. Aber jetzt, nach dem Ende, kannst du doch sagen, warum du derartige Aufgaben annimmst. Wer fährt denn freiwillig immer wieder in so kalte, unwirtliche Höhen? Wer begibt sich freiwillig in solche unangenehmen Situationen?", stichelte Beate.

„Es stimmt. Ich fühle mich berufen, ich habe ein didaktisches Anliegen. Ich glaube, dass wir eine Aufgabe im Leben haben. In meiner Kindheit habe ich gefroren, hatte Hunger und musste feststellen, wie abhängig unsere Familie von der Hilfe anderer war. Niemand ist eine Monade. Und wenn ich es präzisieren soll, so habe ich dieses Anliegen: den Menschen auf dem Altiplano, in den Bergen Boliviens, in den Weiten Afrikas oder wo immer man mich braucht auf Augenhöhe zu begegnen. Ich möchte mir bewusst sein, wie überheblich wir mit den sogenannten Hochkulturen umgehen, wie sie aufsteigen, aber auch untergehen können. Vor allem im Verbrauch der Ressourcen kennen wir offenbar kein Maß. Als Drittes möchte ich gegen die strukturelle Gewalt kämpfen, gegen die Schamlosigkeit und die Gier. Leben, Lieben und Leiden bilden für mich eine Einheit. Aber unter welchen Bedingungen du liebst und leidest, das kann jeder mit beeinflussen. Und schließlich bin ich bei allen Einsätzen die Lehrerin, die die Doppeldeutigkeit des Begriffs ‚Fortschritt' betont. Wir schreiten von etwas fort, der Tradition, und zu etwas hin, der Zukunft. Es gibt nur den Augenblick, an dem Entwicklung stattfindet und jeder entscheidet, wie er genau diesen Augenblick lebt.

Ich war oft genug in Ländern mit einer großen Tradition. Ich glaube, dass der 14. Dalai Lama eine wichtige Erkenntnis so in Worte gefasst hat: ‚Auf der Welt sind wir Gäste für neunzig oder hundert Jahre. Während dieser Zeit müssen wir versuchen, etwas Gutes zu tun, etwas Nützliches mit unserem Leben anfangen. Wenn du beiträgst zum Glück anderer Menschen, wirst du das richtige Ziel finden, die wahre Bestimmung des Lebens.'"

„Das klingt mir zu moralisch", wand Kristin ein. „Ich kann doch für mich leben und trotzdem ein nützlicher Mensch sein."

„Ich stimme zu, möchte aber auch eine dienende Haltung einnehmen. Man kann selbstbestimmt leben und sich woanders einsetzen, für Naturschutz zum Beispiel." Sita engagierte sich nicht für Menschen, sondern für die Tiere.

„Doch ja. Ich bin ein moralischer Mensch", gab ich zu. „Sicher kann man sich für alles Mögliche einsetzen. Mir scheint aber der Dalai Lama auf zwei Dinge aufmerksam zu machen: erstens, dass du ein Ziel brauchst, und zweitens, dass du es nur dadurch finden kannst, indem du zum Glück anderer beiträgst."

„Wenn ich dich richtig verstanden habe, hast du für einige der Menschen dort zu ihrem Glück beigetragen, also war deine Reise kein Scheitern, sondern ein Erfolg. Witzig wäre es doch, wenn nach einer Ansprache des Dalai Lama die Menge der Menschen, die ihm zugehört haben, losgeht und alle suchen jemanden, den sie glücklich machen können", wand Kristin ironisch ein.

„Ich glaube, es reicht. Ich habe Hunger, können wir jetzt essen?" Die pragmatische Beate beendete die Auseinandersetzung.

Epilog

Die Welt hat sich verändert. Seit Januar ist ein Virus der Corona-Gruppe, SARS-CoV-2, bekannt und breitet sich weltweit aus. Die Maschinerie der Globalisierung scheint stillzustehen, an den Börsen finden wilde Spekulationen statt. Es gibt Tote, vor allem bei den über Siebzigjährigen mit Vorerkrankungen. Niemand weiß, wie sich die Weltwirtschaft entwickeln wird.

Auch in Bolivien werden Menschen infolge der Pandemie sterben. Aber die Kleinbauern in den tiefen Tälern der Cordillera Central werden weiter ihre Kartoffeln anbauen, ihre Schafe hüten, ihr Bündel Holz für einen heißen Tee auf dem Kopf in ihre Hütten tragen. Und wenn die Pandemie gestoppt ist, werden ihre Kinder weiter in die Stadt drängen.

„Das Große bleibt groß nicht und klein nicht das Kleine…" – Das Gedicht vom Wechsel der Zeiten von Bertolt Brecht stand am Anfang meiner Reise, es steht auch hier am Ende.